Pouvoir et Terreur

DU MÊME AUTEUR

Aux éditions Le Serpent à Plumes

11/9, Autopsie des terrorismes, 2002

La Loi du plus fort, Mise au pas des États voyous
(avec Ramsy Clark et Edward W. Said), 2002

Le Bouclier américain, 2002

La fabrique de l'opinion publique
(avec Edward S. Herman), 2003

Noam Chomsky

Pouvoir et Terreur
L'après 11 septembre

*Entretiens
sous la direction
de John Junkerman et Takei Masakazu*

*Traduit de l'anglais (États-Unis)
par Guy Ducornet*

LE SERPENT A PLUMES

Ce livre a été publié par **Seven Stories Press** *à New York (2003) et* **Little More** *à Tokyo (2002) en même temps que le film de John Junkerman :* **Power & Terror : Noam Chomsky in Our Times**, *produit par Yamagami Tetsujiro, Siglo Ltd, Tokyo ; distribué en Amérique du Nord par* **First Run Features**, *www.firstrunfeatures.com*

© 2003 Le Serpent à Plumes

Photographie de couverture
© Gary S. et Vivian Chapman / Getty images

N° ISBN : 2-84261-435-6

LE SERPENT A PLUMES

20, rue des Petits-Champs - 75002 Paris
http://www.serpentaplumes.com

INTRODUCTION

Aussitôt après les attaques terroristes du 11 septembre 2001 à Manhattan, l'emploi du temps très serré de Noam Chomsky est passé à la vitesse supérieure : les mois suivants, il a donné d'innombrables conférences ainsi que des interviews, surtout aux médias étrangers qui se sont tournés vers lui et vers la poignée d'intellectuels américains opposés à l'agressive riposte militaire du gouvernement de George W. Bush à ces attentats.

Noam Chomsky a répété des milliers de fois que l'on ne peut pas invoquer le terrorisme des faibles à l'encontre des puissants sans poser la question d'un « terrorisme plus grave mais qu'il n'est guère de bon ton de mentionner : celui des puissants contre les faibles ». Ses arguments, soutenus par un arsenal de plus en plus vaste de documents, d'analyses et d'études de cas, n'ont guère été entendus par les principaux médias américains, ni par les officiels de Washington. Un très large public en revanche, aux États-Unis et ailleurs, s'est tourné une fois de plus vers Noam Chomsky, qui fait entendre inlassablement depuis des décennies la voix de la conscience et de la raison. Cette voix est arrivée jusqu'au Japon, où je réside, sous la forme d'une traduction de son livre « *9-11* », publié en novembre (et sous-titré en japonais « L'Amérique n'est pas qualifiée pour se venger ! »). C'est ce qui m'a donné l'idée, conjointement avec une maison indépendante de production cinématographique japonaise, de produire un documentaire sur le terrorisme et le pouvoir américain tels que les voit Noam Chomsky. Le présent ouvrage est le résultat de ces efforts.

Nos premiers contacts, en janvier 2002, nous ont permis de constater à quel point son programme était chargé. Le projet l'intéressait mais il ne pouvait accorder aucune interview avant mai : comme il devait assister au Forum mondial de Porto Alegre, au Brésil, puis témoigner au procès de son éditeur turc en Turquie avant de se rendre en Colombie – sans parler d'une semaine en Californie en mars, il nous a fait savoir que nous y étions les bienvenus pour filmer ces manifestations publiques.

Nous avons décidé de tourner à Berkeley où Noam Chomsky devait donner deux conférences de linguistique à l'Université de Californie. Pendant cinq jours, il a rencontré des linguistes – professeurs et étudiants – sur le campus puis, pendant son temps libre, il a donné, sur un large éventail de sujets, cinq conférences politiques devant plus de cinq mille personnes au total. (Nous en avons filmé trois.)

Le dernier jour, un vendredi à Palo Alto, il était épuisé, mais devant une foule passionnée, dans la salle de bal de son hôtel, il a retrouvé toute son énergie pour parler (sa voix sur le point de se briser) de la menace des batteries de missiles américains stationnées dans l'espace, et pour répondre aux questions du public – en réalité des mini-exposés de dix minutes sur différents sujets. Ensuite, il a passé trois quarts d'heure à répondre patiemment à la vingtaine d'interlocuteurs qui s'attardaient et c'est alors qu'il a eu des crampes dans les doigts, à force de signer des autographes. « Je ne peux même plus écrire ! » a-t-il dit en riant. Noam Chomsky est infatigable mais ce n'est pas un homme de fer : en sortant de la salle, il expliquait encore à un ami combien l'avait inspiré son voyage dans les régions kurdes de Turquie.

En le suivant pendant toute la semaine, j'ai été frappé par sa générosité et sa grande humilité. Il ne se considère pas comme un artisan de changements sociaux mais il peut y contribuer en faisant connaître ses recherches et ses analyses. Il répète à qui veut l'entendre qu'il y a des choix à faire et que les individus doivent agir selon leurs principes moraux pour forcer les pouvoirs à en faire autant.

J'ai été frappé par son optimisme. Malgré son déprimant constat des abus de pouvoir de l'Amérique, il est loin d'être sombre et sa vision de l'avenir reste positive. Il termine la plupart de ses discours par un panorama de tout ce que l'activisme populaire a su réaliser depuis plusieurs décennies et en montrant comment les transformations sociales sont à notre portée.

Le philosophe et activiste social japonais Tsurumi Shunsuke (qui a supervisé l'édition japonaise de ce livre) attribue l'optimisme de Noam Chomsky à sa longue pratique de la linguistique. « Dans le contexte d'une telle histoire, cette année-ci ou la prochaine paraissent infimes et l'optimisme de Chomsky consiste à vivre au présent en croyant à la continuité du travail humain sur une longue période historique. » Ses travaux posent la question suivante : Pouvons-nous rester confiants à l'ère des bombes soi-disant « intelligentes » et des chauvinismes gouvernementaux ? La réponse dépend en grande partie des décisions prises par des gens comme vous et moi.

John Junkerman
Tokyo, janvier 2003

I

**Entretien avec Noam Chomsky
pour le film *Power & Terror***

Cet entretien avec John Junkerman a eu lieu dans le bureau de Noam Chomsky au Massachusetts Institute of Technology, à Cambridge, Mass., U.S.A., le 21 mai 2002.

QUESTION : Où étiez-vous le 11 septembre 2001 et comment avez-vous appris les attentats ?

NOAM CHOMSKY : C'est un ouvrier, qui travaillait près de chez moi, qui m'a dit en passant qu'il venait de voir ça à la télévision.

Votre première réaction ?

J'ai allumé la radio pour en savoir plus et, tout de suite après – l'horreur atroce... Mais j'ai réagi comme beaucoup de gens dans le reste du monde : une horreur, oui – mais si vous n'êtes pas en

Europe, aux États-Unis ou au Japon, vous savez que ce n'est pas nouveau. C'est de cette façon que les grandes puissances impériales traitent le reste du monde depuis des siècles. Si c'est un événement historique, ce n'est malheureusement pas par son échelle, ni par la nature de l'atrocité, mais plutôt à cause de l'identité des victimes.

Si vous passez en revue des centaines d'années d'Histoire, les puissances impériales ont été à peu près épargnées. On y a observé plein d'horreurs mais elles ont plutôt sévi ailleurs. Quand les Japonais ont commis en Chine leurs atrocités, il n'y a pas eu, que je sache, d'attaques terroristes chinoises sur Tokyo. Depuis des siècles, c'est toujours ailleurs que ça se passe. Et c'est cela, surtout, qui a changé, et qui ne devrait pas nous surprendre.

Il y a longtemps que je m'exprime là-dessus et qu'on en parle dans la littérature spécialisée. Tout le monde a compris qu'avec les technologies contemporaines, quelques petits groupes sans grande sophistication technique sont capables de commettre des atrocités considérables comme l'attaque au gaz du métro de Tokyo.* Ceux qui gardent les yeux ouverts le savent depuis des années. Bien avant le 11 septembre, on pouvait lire, dans

---

* En mars 1995, des membres du groupe japonais *AUM Shinrikyo* ont commis un attentat dans le métro de Tokyo en y lâchant du gaz *sarin*, tuant ainsi douze personnes et en blessant des milliers.

certaines revues spécialisées américaines, des articles expliquant qu'il ne serait guère difficile de faire exploser une bombe atomique à New York. Des quantités d'armes nucléaires circulent à travers le monde – et des dizaines de milliers avec leurs composants. On trouve librement tout ce qu'il faut savoir pour fabriquer une petite « bombe sale » ou ce qu'on appelle une « bombinette » – l'équivalent actuel d'Hiroshima – mis à part qu'Hiroshima, dans une chambre d'hôtel de Manhattan, ça ne serait pas une partie de plaisir. Il n'y a là aucune difficulté majeure ; ce que je veux dire, c'est qu'avec des moyens très limités, on peut faire passer tout ce que l'on veut par la frontière canadienne qu'il est impossible de garder de bout en bout. Voilà ce qui a de fortes chances d'arriver de nos jours, à moins qu'on ne traite intelligemment les problèmes, c'est-à-dire qu'on essaie d'en comprendre l'origine.

Inutile de pousser des hauts cris : si l'on veut sérieusement éviter d'autres atrocités, il faut en trouver les racines. N'importe quel crime, que ce soit dans la rue, à la guerre ou ailleurs, a toujours derrière lui un élément de légitimé et c'est ce qu'il nous faut prendre en considération. Ceci est vrai, je le répète, des crimes de rue comme des crimes de guerre d'une puissance agressive.

Parmi ceux qui entendent votre analyse, certains vous accusent de faire l'apologie du terrorisme. Que leur répondez-vous ?

Que je fais exactement le contraire. La question n'est pas de chercher des excuses, mais de voir tout cela de manière sensée. Si on se fiche qu'il y ait d'autres attentats, alors ce n'est pas la peine d'en chercher les raisons. Mais si l'on a envie de les éviter, mieux vaut leur prêter attention. Cela n'a rien à voir avec une apologie quelconque.

Le fonctionnement de cette critique est intéressant : si je cite, par exemple, un extrait du *Wall Street Journal* expliquant les motivations de groupes comme ceux de Ben Laden, c'est moi que les critiques vont accuser d'en faire l'apologie et non le journal qui publie la démonstration. Ce qui préoccupe les critiques, c'est la critique du gouvernement américain. Si l'information vient du *Wall Street Journal* ou si je cite des archives gouvernementales, rendues publiques, qui exploraient ce même problème il y a quarante ans, c'est moi qu'on accuse et non le journal qui m'a servi de source, ni le *National Security Council*. Ce que ces critiques voient comme une menace, c'est mon refus du conformisme et mon esprit dissident. Une telle interprétation est puérile, quel que soit le crime en question.

Vous avez mentionné Hiroshima ; on a entendu dire récemment que le site de l'attentat du World Trade Center était appelé partout « Ground Zero » – sauf au Japon.

C'est exact.

Pour les Japonais qui ont fait l'expérience des bombes atomiques de Nagasaki et d'Hiroshima, une telle terminologie provoque des sentiments complexes. Qu'en pensez-vous ?

Ce qui m'intéresse, c'est que pratiquement personne n'ait fait le rapprochement ailleurs. Prenez les journaux : je n'y ai vu aucun commentaire sur le sujet – comme si les gens n'en étaient pas conscients.

Pourtant, ces mots...

Ils viennent bien de là, en effet. J'y ai tout de suite pensé.

C'est pour cela qu'ils ont eu un écho.

Je comprends, mais ça ne veut pas dire qu'il s'agisse de la même histoire. Les atrocités que l'on commet ailleurs « n'existent pas », et ça peut durer des siècles. Regardez les États-Unis : pourquoi sommes-nous ici ? Je suis assis en face de vous parce que des fanatiques fondamentalistes religieux ont débarqué d'Angleterre et commencé à décimer une population autochtone avant d'être rejoints par beaucoup d'autres – qui ont achevé l'extermination. Des millions de victimes – ce n'était pas rien ! Les gens savaient ce qu'ils faisaient à l'époque. Aucun doute là-dessus. Il y a quelques centaines d'années que c'est arrivé et ça ne fait toujours pas partie de notre conscience. En fait, il est frappant de voir que c'est l'activisme des *sixties* – et le réveil qu'il a provoqué – qui a changé la donne : pour la première fois dans l'histoire américaine, on s'est mis à y penser… au bout de trois siècles. Quand j'étais gosse, on jouait aux cow-boys et aux Indiens. On était les cow-boys et on tuait des Indiens, sans penser à mal. Mais ce n'est plus vrai de mes enfants.

Pour revenir au Japon, avez-vous une opinion sur la participation du gouvernement japonais à la riposte en Afghanistan ?

Presque tous les gouvernements se sont efforcés de rejoindre la coalition dirigée par les États-Unis, pour leurs propres raisons. L'un des premiers et des plus enthousiastes a été la Russie. Pourquoi ? Parce que les Russes ont besoin de l'autorisation de poursuivre leurs terribles atrocités en Tchétchénie. Les Chinois y sont venus aussi, tout heureux d'avoir l'appui américain pour leur répression en Chine occidentale. L'Algérie, l'un des pires États terroristes de la planète, a été bien accueillie dans la « coalition antiterroriste ».

Le cas le plus frappant, celui qui en dit le plus long sur les intellectuels occidentaux, c'est la Turquie. Les troupes turques sont à présent à Kaboul ou y seront bientôt, payées par les États-Unis, pour faire la guerre au terrorisme. Pourquoi les Turcs offrent-ils des troupes ? En fait, ils ont été les premiers et ils ont expliqué leurs raisons : c'était par gratitude pour l'aide massive de Washington (leur unique soutien) lors des atrocités qu'ils ont perpétrées dans le Sud-Est du pays, ces dernières années.

Ce n'est pas de l'histoire ancienne : elle continue aujourd'hui. Ces dix dernières années, les Turcs ont commis les pires horreurs, bien pires que celles dont on a accusé Slobodan Milosevic au Kosovo avant les bombardements de l'OTAN. Elles ont touché les Kurdes, environ un quart de la population, qui ont été cruellement opprimés : des millions de gens déportés, des milliers de villages détruits, des dizaines de milliers de tués, peut-être, avec toutes les tortures barbares imaginables.

Bill Clinton a envoyé tant d'armes que la Turquie est devenue leur principal destinataire en dehors d'Israël et de l'Égypte, qui sont dans une catégorie à part. Et les Turcs sont si reconnaissants envers Washington d'avoir bien voulu les aider à imposer une terreur étatique à grande échelle qu'ils participent aujourd'hui à la « guerre antiterroriste ». Le fait que les intellectuels occidentaux puissent observer cela en silence en dit long sur le sens de la discipline des gens soi-disant bien élevés.

En fait, même avant le 11 septembre 2001, le cinquantième anniversaire de l'OTAN correspondait au bombardement de la Serbie. Et c'est bien là qu'est le problème – on dit : « N'est-il pas dégoûtant de tolérer de telles atrocités aussi près des frontières de l'OTAN ? » C'est ça, le vrai sujet ! Pas un mot pour expliquer qu'on peut non seulement tolérer de telles atrocités à l'intérieur de l'OTAN (et non pas en dehors de ses frontières!) mais qu'on peut aussi y contribuer massivement.

On voit donc les États-Unis contribuer massivement à un massacre à l'intérieur de l'OTAN pendant qu'à Washington, les leaders occidentaux se réunissent pour déplorer les atrocités commises à l'extérieur – tout en se félicitant de bombarder « pour empêcher les atrocités ». Impossible de trouver un commentaire là-dessus. J'ai beaucoup écrit sur ce sujet mais tous ceux qui ont osé le faire ont été accusés de faire l'apologie des crimes serbes, ainsi que vous le rappeliez.

Encore une fois, on assiste à une incroyable unanimité qu'aucun État totalitaire, me semble-t-il, ne pourrait espérer. C'est flagrant en Occident et je ne sais pas si les Japonais l'ont remarqué. C'est aussi extrêmement dramatique et d'ailleurs, dans un entretien avec les journalistes d'une revue allemande, cet après-midi, j'ai fait remarquer ce qu'ils savent déjà: si les États-Unis sont le principal bailleur de fonds de la Turquie, l'Allemagne est le second. Tout le monde a peur du terrorisme mondial et cherche à l'enrayer alors qu'il existe un moyen facile de le stopper : ne plus y participer. Cela réduirait de beaucoup le terrorisme dans le monde.

Tout ceci est vrai de tous les pays à divers degrés mais encore plus des États-Unis, de l'Angleterre, de l'Allemagne et de quelques autres. C'est ainsi que les gouvernements réagissent – et les intellectuels.

Je suppose que ces deux poids deux mesures sont de l'hypocrisie. Quand on vit au Japon, on demande souvent aux Japonais de reconnaître les crimes qu'ils ont commis lors de la Seconde Guerre mondiale. Mais je dis toujours en préambule que l'Américain que je suis vient d'un pays qui a tué des millions de Vietnamiens – et semblait l'avoir oublié un mois plus tard.

Cette faculté d'oubli est remarquable. Il y a quelques mois, en mars 2002, c'était le quarantième anniversaire de l'annonce officielle de l'attaque du Viêt-nam du Sud par les États-Unis, des bombardements au cours desquels les pilotes américains y ont utilisé les défoliants chimiques pour détruire les récoltes, et de la déportation de millions de Vietnamiens vers des camps de concentration.

Tout ceci a eu lieu au Viêt-nam du Sud : il n'y avait pas de Russes, pas de Chinois, pas de Nord-Vietnamiens (qui n'avaient pas le droit de vivre dans leur propre pays) : rien qu'une guerre américaine, ouvertement proclamée, contre le Sud. On n'en a fait aucune commémoration quarante ans plus tard parce que personne ne s'en souvient. Aucune.

Mais le jour où quelqu'un nous fait subir la même chose, c'est la fin du monde ! Quand c'est nous qui attaquons, c'est tellement normal que ça ne vaut même pas la peine d'en parler !

C'est la même chose au Japon.

Je pense que c'est mieux au Japon, un pays qui a été battu. Les vaincus sont forcés de revenir sur ce qu'ils ont fait. Les vainqueurs – jamais. Si on jette un œil sur les débats du tribunal de Tokyo, les accusés étaient coupables de toutes sortes de crimes, mais leur procès a été une farce – répugnante, légalement parlant. Car enfin... qui a jamais jugé les criminels de guerre américains ?

Si l'on veut définir les principes de base de ce qui constituait un crime de guerre, il est intéressant d'examiner ce qui s'est passé à Nuremberg. La définition était explicite, consciente et affichée : un crime de guerre est un crime commis par les Allemands mais pas par nous. Les bombardements de concentrations urbaines ne constituaient pas un crime de guerre parce que les Anglo-Américains en avaient effectué davantage que les Allemands. En revanche, des officiers sous-mariniers allemands, qui avaient pu faire témoigner des commandants de sous-marins américains avouant avoir fait la même chose qu'eux, ont été libérés et absous : ils n'avaient pas commis de « crime ».

Mais on peut trouver pire : l'ouverture des digues, en Hollande, a été considérée comme un crime de guerre, et à juste titre. Mais en Corée du Nord, quelques années plus tard, comme il ne restait plus rien à bombarder après l'écrasement du pays par l'*U. S. Air Force,* les avions américains ont attaqué les barrages. C'est un énorme crime de guerre, pire que l'ouverture des digues. Mais il a été décrit fièrement dans l'histoire officielle de l'aviation par la revue *Air Force Quarterly* : on peut y lire les plus horribles détails de ces hauts faits d'armes, avec des descriptions de cataractes gigantesques détruisant des vallées entières, et des échos de la rage des habitants. Voyez ! Ce sont des Asiatiques qui vivent surtout de riz ! On les frappe là où ça fait mal ! On dirait du racisme fanatique mais on en est fier, et ça se passe quelques années après la pendaison de généraux allemands qui en avaient fait moins que ça.

Mais tout ceci n'appartient pas à l'Histoire. Personne n'en sait rien – à moins de l'avoir spécialement étudié.

Au Viêt-nam aussi, il s'est passé des choses…

Je me souviens d'un article que j'avais écrit à l'époque dans le *Christian Science Monitor*. C'est l'un des plus importants journaux américains, connu entre autres choses pour sa piété, mais un très bon quotidien. L'un de ses correspondants avait rédigé un article intitulé « Des camions ou des barrages » qui posait la question suivante : Vaut-il mieux bombarder les barrages ou les camions au Viêt-nam ? Et il ajoutait : Les bombardements de barrages sont bien plus satisfaisants pour les pilotes qui en voient immédiatement les effets spectaculaires et désastreux, et aussi parce que des quantités de gens sont affamés, etc. Mais il est plus intelligent tactiquement d'attaquer les camions qui transportent les armes et les munitions de l'ennemi, potentiellement fatales aux soldats américains. Il vaut donc mieux se priver du plaisir de pulvériser les barrages et s'occuper des camions...

Je ne sais pas ce qu'on peut ajouter à cela mais ce que je sais, c'est qu'il n'y a eu aucune réaction. Aucune.

Autre chose : de tous les articles que j'ai écrits, celui qui a probablement causé le plus de fureur a aujourd'hui trente-cinq ans : j'y disais – je ne sais plus en quels termes exactement – qu'une question se posait aux États-Unis : la dissidence ou la dénazification. Quel tollé ! Je parlais pourtant d'un incident bien précis. Le *New York Times* avait décrit une exposition proposée par une respectable institution, le Musée des Sciences de Chicago. On y voyait un village vietnamien, une sorte de diorama. Tout autour de ce village, il y avait des mitrailleuses et les enfants étaient censés jouer à tirer sur les paillotes. C'était un jeu. Quelques femmes ont protesté : elles ont fait une petite manifestation devant le Musée pour dire que ce n'était pas bien. L'article du *New York Times* leur reprochait d'avoir voulu interrompre cette merveilleuse activité enfantine. C'est à ce moment-là que je me suis demandé de quoi on avait surtout besoin : « de dissidence ou de dénazification ». Et je pense que j'avais raison.

Ce que je veux dire, c'est que le premier journal du monde s'irrite de voir des femmes s'opposer à un jeu qui propose à des enfants de mitrailler un village, au moment même où la chose est en train de se passer réellement. C'est vraiment stupéfiant ! Ce serait déjà insupportable si l'on était plusieurs siècles en arrière, mais ça se passe sous leurs yeux. Personne ne proteste et celles qui osent protester sont condamnées.

Un autre exemple, qui concerne le Japon : dans les années soixante, la *Rand Corporation,* important organisme de recherche lié au ministère américain de la Défense, a traduit et diffusé des documents japonais sur la contre-insurrection en Mandchourie et en Chine du Nord. Après les avoir lus, j'ai écrit un article les comparant aux documents américains concernant le Viêt-nam, qui étaient identiques : mêmes justifications bien-pensantes, même procédés, etc. Mon texte n'a pas été très populaire et la seule référence qu'on lui ait accordée est parue dans un article universitaire sur les atrocités japonaises en Chine et en Mandchourie ; il mentionnait en note mon « intéressant article s'efforçant de *justifier* ces atrocités ». Comment faisais-je cela ? En comparant ce qu'avaient fait les Japonais à ce que les Américains étaient en train de faire vingt-cinq ans plus tard. Et comme ce que faisait l'Amérique était juste et bon, mon article justifiait, par définition, les atrocités japonaises.

L'auteur était incapable de voir qu'il s'agissait exactement du contraire ! C'était inconcevable parce qu'il aurait été obligé de reconnaître que ce que faisait l'Amérique n'était pas bien.

Il y a des années que vous montrez du doigt ce genre d'incohérence. Pouvez-vous décrire ce qui a fait de vous un activiste ?

En fait, cela remonte à mon enfance : je me souviens de mon premier article parce c'était à l'époque de la chute de Barcelone en 1939 ; j'écrivais sur la montée du fascisme en Europe. J'avais dix ans. Je n'étais pas un « activiste », mais depuis, j'ai passé une grande partie de ma vie à ça. Il y a eu une période de relative tranquillité à la fin des années cinquante mais quand les choses ont commencé à chauffer au début des années soixante, je m'y suis replongé – avec quelques regrets et quelques hésitations parce que je savais qu'on ne peut faire ce genre de travail qu'à plein temps. Si l'on commence, on y passe tout son temps et il y avait d'autres choses que j'étais assez content de faire et que je ne voulais pas lâcher.

Mais vous avez choisi d'y aller ?

D'une certaine façon.

Vous pensiez qu'il fallait le faire ?

C'est que... dès le début de la guerre du Viêt-nam, il était impossible de ne pas s'en mêler.

Pendant cette période, quelles ont été les réactions à ce travail ?

Une incompréhension quasi totale. La guerre du Viêt-nam a commencé pour nous en 1950. De 1954 à 1960, les États-Unis ont mis en place à Saigon un régime terroriste de style latino-américain. Ce n'était pas une plaisanterie : il y a eu entre soixante et soixante-dix mille morts sans que personne ne proteste. Réaction zéro.

Avec l'arrivée de Kennedy, il y a eu l'escalade, puis l'invasion américaine directe. Toujours pas de protestations. Au début des années soixante, on n'arrivait même pas à faire signer des pétitions. Personne ne venait aux meetings. Je m'en souviens bien : on essayait d'organiser quelques réunions sur le Viêt-nam ; certains étudiants et quelques autres se sentaient concernés. Mais il nous fallait rassembler plusieurs thèmes – l'Iran, le Venezuela, le Viêt-nam et une demi-douzaine d'autres, pour espérer ameuter plus de gens que les organisateurs !

Vers 1965, le Viêt-nam a occupé le devant de la scène. Mais les manifestations étaient encore accueillies avec une extrême hostilité. Prenez

Boston, ici même. C'est une ville assez « libérale »*, mais on n'arrivait pas à organiser de manifestations anti-guerre. Elles étaient brutalement interrompues. La présence de centaines de policiers empêchait les orateurs de se faire tuer mais les agressions de manifestants étaient saluées dans les médias « libéraux ».*

On se réunissait dans des temples ou des églises qui se faisaient souvent agresser. Dans le centre-ville, *Arlington Street Church* a subi des attaques. La présence de quelques policiers empêchant les assaillants d'entrer et de tuer tout le monde n'a pas empêché l'église d'être défigurée. On a trouvé ça très bien : c'est ce qu'il fallait faire. Je me rappelle que mon épouse et nos deux fillettes étaient allées à une manifestation de femmes. Vous pouvez imaginer la scène : elles ne jetaient pas de pierres ! Elles se contentaient de marcher en cercle avec les enfants. C'était à Concord, une banlieue calme de la classe moyenne – plutôt celle d'en haut. Elles ont été agressées à coups de tomates et de boîtes de bière. Tout le monde a trouvé ça très bien.

---

* Les mots « libérale » et « libéraux » sont à prendre dans leur sens américain de l'époque, c'est-à-dire avant le vocabulaire de la mondialisation. Le terme « *liberal* », voulait dire « plutôt de centre gauche » ou réformiste, plus proche de certains « Démocrates » rooseveltiens – alors que le terme « *radical* » définissait des progressistes plus engagés. *(N.d.T.)*

Ce n'est qu'à la fin de 1966 qu'on a pu voir un changement dans l'opposition du public. Cinq ans après le début des hostilités, alors que des centaines de milliers de soldats américains avaient saccagé le Viêt-nam du Sud et que la guerre gagnait le reste de l'Indochine. Personne ne sait combien il y a eu de victimes parce que personne n'a compté.

On ne sait pas non plus combien la guerre a coûté aux Vietnamiens. C'est cela qui est intéressant à propos de ce conflit : aux États-Unis, on connaît jusqu'au dernier Américain et le sujet principal de l'après-guerre a été le rapatriement des restes des pilotes de l'*U.S. Air Force* abattus en missions. Mais personne ne sait combien de Vietnamiens sont morts – ou en train de mourir, d'ailleurs. Les estimations sont à plusieurs millions près : quand on massacre d'autres gens, on ne se soucie pas des chiffres.

Il y a quelques semaines, une information a fait la une des journaux. Des scientifiques avaient découvert qu'on pouvait fabriquer des « bombes sales » – sans grand impact destructeur mais très radio-actives. Ils en avaient évalué les effets si elles avaient été placées quelque part à New York : des morts en nombre limité mais beaucoup de maladies qui provoqueraient la panique. C'était une histoire horrible – exactement ce qu'il faut pour une première page.

Le même jour se tenait une conférence à Hanoi, à laquelle participaient des scientifiques américains, des gens qui avaient travaillé sur la dioxine, le principal poison du terrible « agent orange » largué sur le Viêt-nam du Sud. La conférence étudiait les effets de la guerre chimique américaine au Sud parce que le Nord avait échappé à cette horreur – et un expert américain mesurait les taux de dioxine dans différentes parties du pays. Ceux qui avaient été exposés aux destructions de cultures étaient porteurs de taux très importants de dioxine, des centaines de fois plus élevés que les normes américaines. Ces cas étaient récents et concernaient surtout les enfants. Ils ont tenté de calculer les effets de la contamination, sans doute colossaux, de l'ordre de plusieurs centaines de milliers de malades. Cette information n'a pratiquement jamais été mentionnée dans la presse.

J'ai demandé à un ami de faire une recherche sur les bases de données et il a trouvé deux ou trois mentions : d'un côté, on a un rapport sur notre utilisation d'armes chimiques qui ont peut-être massacré des centaines de milliers de gens : aucune mention dans les médias. Un autre rapport annonce qu'on *pourrait peut-être* tuer quelques New-Yorkais : il est en première page. La différence entre ceux qui comptent et ceux qui ne comptent pas, elle est là.

Comment expliquez-vous cela ? Les journalistes aiment se considérer comme des champions au service du public, des reporters qui révèlent comment les choses se passent vraiment, des détecteurs de scandales, etc. Et pourtant de tels faits sont ignorés. Pourquoi ?

C'est en partie une intériorisation des valeurs. Je veux dire que ce qu'on fait subir aux autres ne compte pas. Ce n'est pas seulement le problème des journalistes ; ça existe aussi dans la recherche et dans le monde intellectuel en général. Si vous faites un sondage parmi les intellectuels américains, l'appui aux bombardements de l'Afghanistan est écrasant. Mais combien sont-ils à accepter qu'on devrait bombarder Washington à cause de la guerre américaine contre le Nicaragua, ou Cuba ou la Turquie ? Seul un fou furieux pourrait suggérer une chose pareille. Mais je pose la question : Pourquoi l'un a-t-il raison et l'autre tort ?

Si vous essayez de faire répondre quelqu'un, on vous dit qu'on ne comprend pas la question. On ne la comprend pas parce qu'il faudrait s'appliquer à soi-même les normes qui s'appliquent à autrui et c'est ça qui est incompréhensible. Il n'y a pourtant pas de principe moral plus élémentaire ! Il suffit d'écouter le philosophe préféré de George W. Bush – Jésus-Christ – ou de lire la définition de l'hypocrite dans les Évangiles : une personne qui refuse de s'imposer les principes qu'elle impose aux autres. Selon cette règle, toute la discussion de la soi-disant « guerre antiterroriste » est pure hypocrisie, sans exception. Qui parvient à le comprendre ? Personne.

Mais pour ceux qui diraient : « Attendez une seconde ! Examinons cela de manière plus large », la barre est placée plus haut, n'est-ce pas ?

Non seulement elle est plus haut, mais si vous essayez, on vous dénonce aussitôt comme un défenseur de Ben Laden. La réponse est hystérique et irrationnelle. Mais cela n'a rien d'exceptionnel : je vous parie ce que vous voulez qu'on aurait les mêmes réactions en faisant un sondage chez les intellectuels japonais des années trente ou quarante. Je sais que c'était vrai en Allemagne, en France et ailleurs. C'est la norme. C'est affreux, mais c'est classique.

Pour en revenir aux États-Unis – j'habite Tokyo –, quand je lis les commentaires sur la guerre qui se prépare en Irak, on dirait qu'ils suivent un calendrier.

C'est une question technique : combien ça va coûter ? Est-ce qu'il y aura des problèmes et lesquels ?
    L'Afghanistan est un cas intéressant. On n'y fait pas de sondage mais une opinion publique afghane s'est exprimée. Ainsi, l'Association révolutionnaire des Femmes d'Afghanistan, un groupe important, courageux et respecté qui combat pour les droits des femmes depuis des années, possède un site Internet. Elles parlent. Elles s'expriment par des mots. Elles étaient fortement opposées aux bom-

bardements. Fin octobre 2001, les États-Unis ont organisé au Pakistan la réunion d'un millier de chefs afghans. Certains étaient déjà sur place, d'autres sont venus à pied. Ils étaient tous sous le patronage de Washington. Ils se sont disputés sur des tas de sujets mais ont été unanimes pour s'opposer aux bombardements, en disant qu'ils nuiraient à leurs efforts pour renverser les talibans à partir de l'intérieur – ce qu'ils pensaient pouvoir réussir.

C'était également vrai de celui en qui les États-Unis croyaient le plus, Abdul Haq, le célèbre dissident afghan vivant au Pakistan. Il a donné une interview à l'organisation *Carnegie Endowment for International Peace* qui a été publiée en Europe, pas aux États-Unis. Il condamnait également les bombardements pour les mêmes raisons. Il pensait que les talibans pouvaient être renversés de l'intérieur, en ajoutant que les Américains voulaient surtout faire étalage de leur force et qu'ils se moquaient de ce qui pouvait arriver aux Afghans et à leur pays – comme ils s'en étaient moqués en 1980.

Qui a accordé la moindre attention à l'opinion des Afghans ? On n'en a pas parlé. On se moque de ce qu'ils pensent et on fait ce qu'on veut.

Si on se tourne vers la Palestine et Israël, peut-on en dire autant des trente-cinq ans d'une occupation que personne ne semble reconnaître comme telle ?

En fait, ce n'est pas une simple occupation. Elle est brutale, comme toutes les occupations militaires. Celle-ci a été particulièrement dure parce que son intention était de démoraliser une population et, si possible, de la déplacer. Elle ne pourrait se poursuivre sans l'aide américaine, sans que les États-Unis ne bloquent toute solution diplomatique depuis trente ans – tout en fournissant, naturellement, l'appui économique et militaire.

Et quand les colonies de peuplement se sont développées dans la région pour intégrer en quelque sorte certaines parties des territoires à l'État hébreu, cela s'est fait aux frais des contribuables américains. Si cinquante mille personnes sont torturées – c'est une estimation –, c'est également à leurs frais.

Lors de l'invasion du Liban qui a fait vingt mille victimes, les États-Unis n'en ont pas seulement fourni les moyens, ils ont opposé leur veto aux résolutions du Conseil de sécurité de l'ONU qui essayaient de l'arrêter, et ainsi de suite. Cela n'avait aucune importance : ce n'était pas une atrocité. La seule atrocité, c'est de toucher à Israël.

Le seul sujet aujourd'hui, c'est les « attentats suicides ». Quand ont-ils commencé ? L'an dernier, à grande échelle. Ce sont des crimes, sans aucun doute ; des crimes abominables. Une année de crimes palestiniens contre Israël au bout de trente-quatre ans de calme. Israël était à peu près intouchable. Je veux dire qu'il y avait eu des attaques terroristes contre Israël, mais pas en provenance des territoires occupés, relativement passifs – comme ils sont censés l'être. C'était comme pour l'Europe du temps de ses colonies. Mais quand la balance a penché de l'autre côté, on a parlé d'effroyables atrocités.

Les États-Unis sont en train d'accélérer l'escalade : en décembre 2001, le Conseil de sécurité a tenté de faire adopter une résolution d'inspiration européenne demandant l'envoi d'inspecteurs internationaux pour réduire le niveau de violence, car leur présence donne généralement ce résultat. Les États-Unis ont opposé leur veto.

Une semaine auparavant avait eu lieu une importante réunion de la Quatrième Convention de Genève. Je pense que 114 pays y étaient venus – toute l'Union européenne et même la Grande-Bretagne. Ils ont réaffirmé ce qu'ils avaient déclaré maintes fois, avec l'accord des États-Unis : la Quatrième Convention s'applique aux territoires occupés. Ils ont ensuite remarqué avec raison que tout ce que fait Israël (c'est-à-dire les États-Unis & Israël) est illégal et, de fait, un crime de guerre. Nombreux sont ceux qui ont défini cela comme de « graves violations » – c'est-à-dire de sérieux crimes de guerre. Les leaders américains et israéliens devraient donc être jugés par un tribunal. En réalité, comme membre important de la Convention, le gouvernement américain a l'obligation de poursuivre ceux qui portent gravement atteinte à la Convention de Genève, y compris ses propres leaders.

En boycottant la réunion, les États-Unis l'ont pratiquement réduite à néant. Ainsi donc, de graves crimes de guerre enfreignant la Convention de Genève, comme ceux qui ont justifié les procès de Tokyo et de Nuremberg, sont légitimés. Ils peuvent donc se poursuivre aussi longtemps que les États-Unis bloqueront unilatéralement tout règlement de cette question. C'est ce qu'ils font aujourd'hui.

On parle beaucoup du plan de paix saoudien aujourd'hui. Les États-Unis ne l'acceptent pas, bien entendu, mais ils y voient un « excellent pas en avant ». Un plan similaire est sur la table depuis vingt-cinq ans. Proposé au Conseil de sécurité en 1976, les États-Unis y ont mis leur veto. Le monde entier l'a soutenu, y compris les grands États arabes et l'OLP, mais les choses sont restées en l'état.

Savez-vous combien d'universitaires sont au courant ? Une dizaine, peut-être. Tout ceci est caché. Les États-Unis conduisent ce qu'ils appellent « le processus de paix ». Cela signifie, par définition, tout ce que fait Washington depuis trente ans pour saboter la paix. Est-ce qu'on le sait ? Non. Quand je parle devant un public universitaire, un public éduqué, personne ne sait de quoi je parle. « Ce n'est pas possible ! » me dit-on, les États-Unis ne peuvent pas saboter la paix !

Comment se fait-il que les États-Unis et Israël soient souvent à deux contre le reste du monde lors des résolutions de l'ONU ?

Les États-Unis sont souvent seuls contre le reste du monde parce qu'Israël ne vote pas au Conseil de sécurité, qui s'occupe de toutes sortes de sujets qui n'ont rien à voir avec le Moyen-Orient. Mais une croyance s'est répandue en Occident : jusqu'à l'écroulement du communisme, les Russes bloquaient l'action des États-Unis. Ça, c'est le dogme. Aussi, quand l'Union soviétique s'est effondrée, le *New York Times* a fait remarquer que dorénavant, les Nations unies pourraient enfin fonctionner sans le veto de Moscou.

Si l'on étudie l'histoire du veto qui ne prête à aucune controverse, on y apprend des choses intéressantes. Il est parfaitement exact qu'à la fin des années quarante et au début des années cinquante, les Russes en abusaient pour une simple raison : les États-Unis étaient si puissants qu'ils pouvaient utiliser l'ONU comme instrument de leur politique étrangère. Les Russes ont donc souvent riposté par leur veto.

Les choses ont changé lors de la décolonisation. Les Nations unies représentaient mieux le monde et les pays industriels s'étaient rétablis. Dans les années soixante, l'ONU n'est plus sous contrôle. Depuis lors, ce sont les États-Unis qui arrivent en tête des recours au veto à l'encontre des résolutions du Conseil. L'Angleterre est seconde, la France suit loin derrière et les Russes sont quatrième – c'est-à-dire exactement le contraire de ce que tout le monde pense. Et ceci ne concerne pas seulement le Moyen-Orient. La raison en est simple : le pays le plus puissant du monde n'entend pas accepter l'autorité internationale. Mais aucun autre État ne s'y soumettrait davantage s'il en avait la possibilité et même Andorre le refuserait si elle le pouvait ! Dans notre monde, seuls les puissants peuvent agir à leur guise.

On dirait que les États-Unis ignorent l'opinion européenne.

Ils l'ont toujours fait.

Encore plus aujourd'hui ?

Ils ignorent même leur propre opinion publique. Revenons au Moyen-Orient : une majorité de citoyens américains approuve le plan de paix saoudien. Washington s'y oppose. Si vous dites aux Américains : « C'est votre gouvernement qui bloque ce que vous approuvez », ils ne sauront pas de quoi vous parlez parce que personne n'en sait rien ! Pour être au courant, il faut faire quelques recherches.

On se moque de l'opinion américaine mais ce n'est guère nouveau. Aux États-Unis comme chez les autres, il en va toujours ainsi – sauf quand les dirigeants se font prendre la main dans le sac !

Est-ce que cela peut changer ?

C'est mieux qu'il y a trente ou quarante ans. Aujourd'hui, par exemple, le gouvernement américain est assujetti à des restrictions humanitaires imposées par le Congrès, en ce qui concerne les exportations d'armes, etc. Il parvient souvent à les éluder mais ces contraintes existent. C'est encore un vestige des années soixante.

La population du pays est beaucoup plus civilisée qu'il y a quarante ans et les choses s'améliorent. C'est cela qui impose des restrictions à la violence d'État. C'est le seul moyen. Aucune force extérieure ne peut contenir la violence de l'État le plus puissant, que ce soient les États-Unis ou d'autres, mais les contraintes peuvent venir de l'intérieur.

À Palo Alto, vous avez parlé de la militarisation de l'espace et pointé du doigt les incohérences qui séparent l'État le plus puissant et les autres pays du monde. Ce fossé s'élargit sans cesse. Aura-t-il un impact fondamental sur le cours des choses ?

Il en a déjà un. En réalité, les dirigeants américains ont des positions extrêmes en ce domaine. Ils sont franchement et ouvertement décidés à utiliser la violence pour contrôler le monde et ils le disent.

Par exemple, quand le prince saoudien Abdullah est venu ici il y a quelques semaines, il a tenté de convaincre les dirigeants américains de tempérer leur soutien à la violence israélienne. Il a parlé du risque d'une révolte dans le monde arabe, fort dangereuse pour nos intérêts pétroliers. Leur réaction est intéressante : ils ont naturellement ignoré ses avertissements. Mais il est intéressant de voir ce qu'ils lui ont dit – on peut le lire dans le *New York Times* – qui se résume à ceci : « Jetez un œil sur ce qu'on a fait à l'Irak pendant l'opération "Tempête du Désert". Aujourd'hui, on est dix fois plus fort. Si vous voulez savoir à quel point, regardez ce qu'on vient de faire en Afghanistan. C'est à cela que ça sert : voilà ce qui vous arrivera si vous relevez la tête. Si vous ne faites pas ce qu'on vous dit, on vous pulvérise. On se fiche de ce que vous pouvez dire ou faire. » Voilà ce qu'ils disent et on le voit à leurs actes. Ce n'est bon pour personne – et surtout pas pour le peuple américain.

Il semble qu'on ne puisse plus monter une guerre de longue durée comme celle du Viêt-nam.

Parce qu'il n'y a plus de soutien populaire à une telle guerre.

Mais d'un autre côté, la diabolisation des talibans ou de Saddam Hussein donne les mains libres à Washington.

C'est le choix de l'intelligentsia. Prenons Saddam Hussein : chaque fois que Blair, Bush, Clinton, Madeleine Albright ou d'autres appellent à la guerre contre l'Irak, ils répètent tous la même chose : « C'est le pire des monstres de l'Histoire. Pourquoi tolérer son existence ? Il a même commis le crime suprême : l'emploi de gaz contre son propre peuple. » (En fait, on ne peut pas dire que les Kurdes soient « son » peuple.) Il a procédé à l'opération « Anfal » qui a peut-être tué cent mille Kurdes – avec le soutien américain. Il a fabriqué des armes de destruction massive à une époque où il était réellement dangereux et nous l'y avons aidé, en toute connaissance de cause. Saddam Hussein était notre ami et notre allié et il l'est resté ensuite.

Essayez de trouver un commentateur qui se fasse l'écho de ce que je viens de dire. Saddam Hussein est un monstre mais il a fait tout cela avec notre aide parce qu'on s'en fichait. Pratiquement personne ne l'a écrit. On peut alors diaboliser Saddam Hussein autant qu'on veut ; il faudrait aussi oublier que ses crimes les plus noirs ont été commis avec l'aide américaine et britannique.

Vous trouverez parfois l'aveu que l'on n'a pas accordé suffisamment d'attention à ses crimes. Mais il ne s'agissait pas de cela ! La vérité est qu'on s'en fichait ! Que nos dirigeants s'en contrefichaient. Aussi horrible soit-il, Saddam Hussein nous rendait un grand service et en dehors d'Israël (en 1967), l'Irak était le seul pays auquel on avait permis d'attaquer un navire de l'*U.S. Navy* (en 1988) et de tuer trente-cinq marins américains sans en subir aucune conséquence. Des missiles irakiens avaient touché un destroyer américain dans le Golfe mais Washington n'avait pas réagi. L'Irak était un ami. Aucun autre pays ne s'en serait tiré aussi facilement. Mais comme Saddam Hussein était « notre homme », ce n'était donc qu'une bavure. Il faut être tout en haut de la liste des amis de l'Amérique pour jouir d'un tel privilège – et c'était à l'époque de ses crimes les plus barbares !

Très rapidement, à propos de ce type d'alliance et de l'implication du Japon en Indonésie et au Timor oriental : le Japon a fourni beaucoup d'aide étrangère au développement.

Cela va plus loin et j'étais aux premières loges. Je n'en ai jamais parlé mais puisque vous voulez le savoir, j'ai témoigné aux Nations unies sur la question du Timor oriental, vers 1978. Il y avait là différents groupes, religieux et autres, qui poussaient l'ONU à laisser s'exprimer certaines critiques.

Je me rappelle avoir passé une journée entière à New York à attendre d'être appelé. Rien ne venait à cause de certaines manœuvres bureaucratiques qui tentaient en coulisse de bloquer nos témoignages. J'ai d'abord pensé à une manœuvre américaine, mais pas du tout : c'était le Japon qui protégeait l'Indonésie et ne tolérait aucune critique de l'invasion indonésienne du Timor oriental – et cela se passait au summum des atrocités. Le Japon n'était pas seul ; en fait, le monde entier est coupable en cette affaire – et on n'en parle plus aujourd'hui. C'était l'époque où les États-Unis fournissaient la plupart des armes. La Grande Bretagne est arrivée en 1978 – le gouvernement travailliste, pas celui de Madame Thatcher – l'année où les sommets de l'horreur sont atteints, quand le total des tués au Timor oriental s'élève à 200 000. Les Anglais y ont vu l'occasion de vendre de l'armement et ils en sont devenus les principaux fournisseurs jusqu'en 1999. La France les a rejoints ; puis la Suède et la Hollande. Tous ceux qui voulaient gagner de l'argent ou des avantages en massacrant des Timorais s'en sont donné à cœur joie. Aujourd'hui, ils applaudissent tous cette nouvelle nation à qui nous avons permis d'exister par notre générosité et blablabla. Tout cela est oublié. Ce n'est pourtant pas de l'histoire ancienne, mais on n'en parle plus.

On se pose souvent des questions sur le rapport qui peut exister entre vos travaux de linguistique et votre action politique.

Il n'y a pas vraiment de relation directe. Je pourrais aussi bien travailler en topologie algébrique et faire les mêmes choses. Il y a sans doute des connexions plus lointaines. Les gens s'intéressent à la linguistique pour toutes sortes de raisons mais pour moi, depuis cinquante ans, c'est une méthode d'exploration de certains aspects des plus hautes facultés mentales (et en fin de compte, de la nature humaine) qui doivent se faire jour dans tous les domaines. Dans celui du langage, il est possible d'étudier intensément le cœur de capacités humaines uniques et d'obtenir des résultats qui vont bien au-delà d'une compréhension superficielle. Si une telle quête est ardue dans de nombreux domaines, on peut y aboutir en linguistique.

Au cœur de ce don pour le langage, reconnu depuis des siècles, se trouve ce qu'on appelle parfois un aspect créatif, c'est-à-dire la capacité de faire ce que nous faisons en ce moment – exprimer spontanément nos pensées, sans limites, sans contraintes et de manière originale. C'est la part fondamentale de la nature humaine, le noyau de la philosophie cartésienne. Et l'on peut apprendre quelque chose, sinon sur notre façon de procéder, qui semble hors de portée, mais du moins sur les mécanismes qui entrent en jeu.

On trouve les mêmes questions dans chaque activité humaine : David Hume disait déjà, il y a un quart de millénaire, que les fondements de la morale doivent être comme ce qu'on appelle aujourd'hui la grammaire générative. Il n'employait pas ce terme, mais il s'agit d'un faisceau de principes que nous savons utiliser dans des situations neuves – sans aucune limite. Il ajoutait que ces principes font partie de notre nature puisqu'il nous est impossible de les acquérir par l'expérience. Sans qu'il l'énonce précisément, il s'ensuit qu'ils doivent être uniformes. En fait, il ne pouvait pas l'exprimer ainsi : en son temps, on ne pensait pas que l'humanité était uniforme alors qu'on sait aujourd'hui que les êtres humains sont presque interchangeables et que les variations génétiques sont minuscules. Il est probable que nous venons tous d'une même souche, pas si vieille que cela, et que nous sommes fondamentalement la même créature, ce qui veut dire que ces principes sont uniformes, eux aussi.

En théorie, on peut apprendre quelque chose sur ces aspects de notre nature et passer ensuite au domaine des affaires humaines – la politique, la vie privée ou autre chose. C'est ce qui arrive lorsqu'on prend position sur un sujet quelconque : vouloir garder les choses en l'état ou préférer une petite réforme, ou la révolution, etc. Si l'on est sérieux, on agit comme une sorte d'agent moral qui pense que l'action requiert certaines normes éthiques et qu'elle doit être bénéfique pour l'humanité. C'est ce qui va permettre à la nature fondamentale de ces principes d'exister, de s'exprimer, de s'amplifier.

Sur ce point, il existe une connexion théorique, c'est entendu, mais elle demeure assez abstraite étant donné qu'on reste toujours à la surface quand on s'adresse à des sujets aussi complexes que les êtres humains. On ne sait pas répondre à de telles questions à propos des insectes. Il faudra du temps avant de comprendre scientifiquement les interrogations humaines de ce genre – si l'on y arrive jamais.

Pour revenir à votre question, il existe une sorte de lien dans l'esprit – mais pas de relation déductive.

Mais vous faites toujours appel aux principes de base en politique ou en morale...

C'est la même chose – comme une sorte de ressemblance familiale. Mais nous sommes loin d'en savoir assez pour en déduire des relations étroites.

II

Les armes américaines, les droits de l'homme et la santé de la société

Conférence sponsorisée par l'*Albert Einstein College of Medicine Muslim Students'Association* au *Montefiore Medical Center*, Bronx, New York, le 25 mai 2002, suivie d'un extrait des questions-réponses du public.

Permettez-moi d'examiner avec vous le rôle des États-Unis dans le monde d'aujourd'hui et ce qu'un tel rôle peut devenir. Mes raisons de choisir les États-Unis sont presque trop évidentes pour être énoncées mais tant pis. La première est que ce pays est devenu le plus puissant de la planète et qu'il s'est doté d'une force militaire écrasante ainsi que d'autres formes de pouvoir. Il joue un rôle déterminant dans tout ce qui se passe dans l'histoire du monde actuel.

La seconde, c'est que nous sommes ici rassemblés. Il se trouve que nous jouissons tous d'une liberté inhabituelle et, pour la plupart d'entre nous, de certains privilèges. Ceci nous confère une énorme responsabilité – dans nos actes et dans l'influence que nous avons sur la politique. Et même si nous n'étions pas citoyens de la principale puissance, cette responsabilité pèserait néanmoins (ou devrait peser) sur nous.

Pardonnez-moi de dire cela: c'est un truisme si patent qu'il ne devrait même pas être proféré, et je le fais uniquement parce que si quelqu'un veut suivre une voie aussi clairement évidente, en accord avec des truismes politiques et moraux élémentaires, il déclenche souvent de fort étranges réactions. (Ce n'est pas mon propos mais ça vaut la peine d'y penser.)

On peut mesurer le rôle global des États-Unis de plusieurs façons: l'aide qu'ils accordent aux autres pays, par exemple, et l'aide militaire en particulier. Ce n'est pas un sujet particulièrement attrayant parce que nous savons bien que l'aide américaine au reste du monde est, de fort loin, la plus chichement avare des principaux pays industrialisés. Et si l'on soustrait la part qui va vers un pays riche et un autre pays, semi-riche, celui-là – j'ai nommé Israël et l'Égypte – il ne reste quasiment plus rien. Si on compte le tout, le total est grotesquement marginal et il ne cesse de se rétrécir.

Ceci étant, il en reste tout de même assez pour constituer une aide militaire conséquente qui mérite d'être examinée parce qu'elle donne une bonne idée de l'influence américaine. Cette relation entre l'aide et la politique étrangère a été étudiée par certains universitaires comme Lars Schoultz, spécialiste réputé des droits de l'homme en Amérique latine et professeur à l'Université de Caroline du Nord. Il a démontré dans un article l'étroite corrélation existant entre l'aide accordée par Washington et les violations des droits de l'homme en Amérique latine. « Pour une part importante, écrit-il, l'aide des États-Unis va surtout aux gouvernements qui torturent leurs citoyens et aux plus notoires violateurs des droits fondamentaux de la personne. » C'était il y a vingt ans.

À la même époque, mon co-auteur Edward Herman, professeur d'économie à la Wharton School de l'Université de Pennsylvanie, s'est livré à un tour d'horizon des relations qui existent entre la torture et l'aide américaine. Il a découvert entre les deux une corrélation aussi surprenante que déplaisante. Si vous examinez les rapports d'*Amnesty International,* vous y verrez les mêmes connexions. Ces liens statistiques ne vous disent rien sur les relations de causalité et il est même peu probable que les dirigeants américains aient un intérêt quelconque pour la torture. Edward Herman a donc entrepris une autre étude, plus vaste, sur les relations entre l'aide américaine et les autres facteurs, et il a trouvé une corrélation très claire entre l'aide américaine et l'amélioration du « climat d'investissement ». Ainsi donc, lorsqu'un pays améliore pour les investisseurs les conditions d'exploitation de ses ressources, l'aide américaine à ce pays augmente de volume. C'est une corrélation naturelle et logique, celle que l'on est en droit d'attendre de la politique américaine d'assistance.

Mais comment faire pour améliorer ce climat dans un pays du tiers-monde ? L'un des meilleurs moyens, c'est d'assassiner les leaders syndicaux, de torturer les prêtres, de massacrer les paysans, de saboter les programmes sociaux et ainsi de suite – ce qui nous amène à la seconde corrélation, mise en lumière par Lars Schoultz, entre l'aide américaine et les violations des droits de l'homme.

Ce n'est pas non plus que les États-Unis accordent un intérêt particulier aux violations des droits de l'homme, mais ces violations semblent bien être le corollaire naturel de ce qui les intéresse et de leur manière d'arriver à un tel but.

Je disais que c'était il y a vingt ans. À l'époque de la publication de ces études, l'*administration* Reagan est arrivée au pouvoir, vous vous en souvenez, en annonçant haut et fort que la priorité de la politique étrangère américaine allait être la « guerre contre le terrorisme ». Washington a donc concentré ses efforts contre ce que le Secrétaire d'État George Shultz appelait alors « le fléau maléfique du terrorisme », une peste répandue par « des ennemis dépravés de la civilisation » et « un retour de la barbarie dans l'ère moderne ». Shultz, qui faisait figure de modéré dans ce gouvernement, a ajouté que des moyens utopiques et légaux, comme les médiations ou les négociations, n'étaient que des signes de faiblesse et que seules la force et la violence auraient raison du terrorisme. Washington a déclaré que le combat serait concentré sur les deux régions les plus sévèrement frappées par ce fléau criminel – l'Amérique centrale et le Moyen-Orient.

Voyons à présent les résultats. Que s'est-il passé en Amérique centrale et au Moyen-Orient ? Rappelez-vous que nous examinons les rapports entre l'aide américaine et les autres aspects de la politique. (J'ajoute incidemment que l'étude de Lars Schoultz démontrait les rapports *directs* entre les violations des droits de l'homme et l'aide militaire. Cette aide était sans rapport avec les besoins, il l'a vérifié, et son étude va jusqu'en 1980 ; elle inclut donc l'*administration* de Jimmy Carter pendant laquelle l'aide a continué malgré sa *rhétorique* des droits de l'homme.)

Je reviens à ma question : que s'est-il passé en Amérique centrale et au Moyen-Orient pendant la « guerre contre le terrorisme » ?

L'Amérique centrale a été transformée en cimetière. Des milliers de gens ont été massacrés – deux cent mille environ – et il y a eu un million de réfugiés, des orphelins, la torture de masse et toutes les formes de la barbarie.

Dans le cas du Nicaragua, les États-Unis ont même dû attaquer ce petit pays parce qu'ils n'y disposaient pas, comme dans les États voisins, de troupes basées sur place, capables de semer la terreur. L'attaque américaine contre le Nicaragua a virtuellement détruit ce pays et fait des dizaines de milliers de victimes. Il est aujourd'hui le deuxième pays le plus pauvre de l'hémisphère et il ne s'en remettra peut-être jamais. Comme les États-Unis attaquaient un *pays* (et non simplement un peuple comme au Salvador, au Guatemala et au Honduras), le Nicaragua a pu recourir aux moyens dont un pays respectueux des lois peut disposer s'il est victime du terrorisme international : il s'est pourvu devant les instances internationales. Le Nicaragua est allé devant la Cour mondiale de Justice qui a condamné les États-Unis, pour actes de terrorisme international, « utilisation illégale de la force » et violation des traités, à cesser les exactions et à payer d'énormes réparations. Le gouvernement des États-Unis a immédiatement riposté par l'escalade de la guerre (avec l'appui des démocrates et des républicains) en donnant l'ordre officiel, pour la première fois, de viser des cibles « *soft* » – c'est-à-dire « civiles » : des cliniques, des coopératives agricoles, etc. Cette terreur a duré jusqu'à ce que la population finisse par voter pour le candidat soutenu par Washington en 1990.

Après ce rejet américain du jugement de la Cour mondiale, le Nicaragua s'est pourvu devant le Conseil de sécurité des Nations unies. La résolution ordonnant à tous les États d'obéir au droit international aurait condamné les États-Unis… s'ils ne lui avaient pas opposé leur veto.

Ainsi donc, le champion de la « guerre contre le terrorisme » est le seul pays à s'être fait condamner par la Cour mondiale pour actes de terrorisme international, le seul à avoir été obligé d'utiliser son veto contre une résolution de l'ONU le rappelant à l'ordre. Il vous faudra chercher longtemps dans la presse pour trouver trace de ce que je suis en train de vous raconter sur la première phase de cette « guerre contre le terrorisme » – et ce n'est certainement pas un hasard.

Voyons les autres pays d'Amérique centrale comme le Salvador et le Guatemala : leur situation a été pire encore que celle du Nicaragua. Au Nicaragua, la population avait au moins une armée pour la défendre. Ailleurs, la force terroriste qui attaquait les habitants, *c'était leur armée* !

Le Salvador est devenu le principal bénéficiaire de l'aide militaire américaine pendant cette période (toujours en excluant Israël et l'Égypte qui sont dans une catégorie à part). On y a commis les pires atrocités, mais la « guerre contre-terroriste » a été un succès. Si vous voulez savoir de quelle sorte de succès il s'agit, examinez les documents produits par la célèbre *School of the Americas,* un de ses slogans proclamait : « L'armée des États-Unis nous a aidés à vaincre la *théologie de la libération.* » C'était loin d'être faux : l'une des cibles principales de la

« guerre contre le terrorisme » était l'Église catholique qui avait commis le grave péché de choisir « l'option préférentielle du parti des pauvres » et qui devait donc être punie.

Le Salvador est l'exemple sinistre de cette répression : les années quatre-vingts commencent par l'assassinat d'un archevêque et se terminent par le meurtre de six intellectuels jésuites. La *théologie de la libération* avait été détruite par les armes américaines.

L'un des aspects les plus curieux de notre culture, c'est que personne n'est au courant de tout ceci. Imaginez qu'un archevêque et six intellectuels tchèques de premier plan aient été assassinés par une armée équipée et entraînée par les Soviétiques, on en aurait su quelque chose ; on connaîtrait leurs noms, on aurait lu leurs livres... Mais livrez-vous à une petite expérience : demandez autour de vous, à des gens éduqués, de vous donner les noms de ces jésuites d'Amérique latine assassinés par les troupes d'élite armées et entraînées par nous – ou celui de l'archevêque – ou ceux des 70 000 autres victimes – des paysans, comme d'habitude. Vous connaissez déjà la réponse et cela nous enseigne quelque chose d'intéressant sur nous-mêmes.

Voilà pour le succès de la « guerre contre le terrorisme » en Amérique centrale. Passons maintenant au Moyen-Orient.

Tout d'abord, il est exact qu'il y avait à l'époque de nombreuses activités de terrorisme d'État dans la région – la pire étant de loin l'invasion du Liban en 1982 par Israël, qui a fait au total vingt-mille victimes.

Cet acte de terrorisme international a pu avoir lieu parce que les États-Unis ont donné leur feu vert, fourni les armes et l'appui diplomatique, et opposé leur veto aux résolutions du Conseil de sécurité de l'ONU qui tentaient d'interrompre les combats et de faire reculer les assaillants. L'offensive s'est terminée par une victoire retentissante : le chef d'état-major de l'armée israélienne, le général Rafael Eitan, a annoncé que l'opération avait été un succès. Elle a soustrait l'OLP comme facteur agissant dans les négociations sur les territoires occupés. C'était là, en fait, le véritable but de cette guerre qui n'avait rien à voir avec le Liban. On l'appelait d'ailleurs en Israël « la guerre pour les territoires occupés ». L'OLP devenait de plus en plus inquiétante avec ses exigences de solution négociée au conflit. Israël, qui n'en voulait pas, a réussi à détruire l'OLP et à la chasser de la région.

Vous avez là une illustration classique du terrorisme international. Si vous prenez la définition officielle américaine du terrorisme – *la menace ou l'usage de la violence pour atteindre des objectifs politiques, religieux ou autres en intimidant ou en effrayant les populations civiles* –, l'invasion du Liban par Israël en est un exemple parfait. C'est du terrorisme international grâce au rôle décisif des États-Unis. (Vous remarquerez en passant que je donne aux États-Unis le bénéfice du doute. Vous pourriez rétorquer que c'est pire que du terrorisme international parce qu'il s'agit, en fait, d'une *agression* caractérisée. C'est en effet la terminologie correcte. Si c'est de l'agression délibérée, il faut alors un tribunal comme celui de Nuremberg pour juger les dirigeants américains et israéliens; mais si on leur laisse le bénéfice du doute, on appelle cela du terrorisme international.) Cet exemple notoire est le pire de la décennie.

À ce propos, les États-Unis cachent depuis vingt ans les raisons de cette guerre mais on doit rendre à César ce qui lui appartient : le *New York Times* a finalement avoué la vérité le 24 janvier 2002, sous la forme d'une phrase de James Bennett, ensevelie dans un rapport concernant un tout autre sujet. Pour la première fois aux États-Unis (je crois), il décrit ce que tout le monde savait en Israël depuis vingt ans et ce que vous auriez pu lire dans la littérature dissidente basée sur des sources israéliennes : cette guerre n'avait été faite que pour des raisons *politiques*. C'était une guerre pour la Cisjordanie. L'idée en était l'élimination de toute menace de négociations pouvant venir des Palestiniens.

Ceci est un fait, une vérité bien connue de tous à l'exception du public américain. Et voilà qu'une phrase du *New York Times* lui révèle la vérité, et vous pouvez maintenant la citer. C'est comme si elle était devenue officielle. Les preuves de cette vérité étaient accablantes depuis le début de l'invasion. On a donc fait un pas en avant ! (Si l'on attend assez longtemps, on a parfois de bonnes surprises.) C'était la pire action terroriste au Moyen-Orient.

Il y en a eu d'autres, et le summum a lieu en 1985. Cette année-là, le sondage annuel des rédactions de journaux, organisé par l'*Associated Press,* a élu le *terrorisme* au Moyen-Orient comme sujet numéro un de l'année. Les chercheurs ont fait de même – et bien fait : 1985 a connu une intense activité terroriste, pas autant qu'en 1982 mais presque.

Quel est le pire attentat terroriste de 1985 ? Il y a trois candidats pour le premier prix. Aucun autre n'est à la hauteur. Le premier, c'est l'explosion d'une voiture piégée devant une mosquée de Beyrouth. La bombe était réglée pour exploser à la sortie des fidèles afin d'en tuer un maximum. Elle en a tué quatre-vingts et blessé deux cent cinquante autres. L'engin était assez puissant pour tuer des bébés au berceau dans le bas de la rue. Si la plupart des victimes étaient des femmes et des filles, la bombe visait un scheik musulman qui en a réchappé. On a accusé la CIA et les services secrets britanniques et personne n'a vraiment protesté.

Le second candidat pourrait être le bombardement israélien sur Tunis quelques mois plus tard. La ville de Tunis a été attaquée par des « bombes intelligentes » : des gens ont été découpés en morceaux et il y a eu environ soixante-quinze morts, des Tunisiens et des Palestiniens, tous civils. L'attentat a été décrit en détail par un grand reporter dans la presse israélienne de langue anglaise mais pas grand-chose n'est parvenu jusqu'aux États-Unis. Là encore, il s'agissait de terrorisme international. Les États-Unis étaient profondément impliqués : la Sixième flotte croisait dans la région mais elle n'a pas cru bon d'avertir les autorités de Tunisie – un de nos alliés – de l'arrivée des avions israéliens alors que leur présence était connue.

George Shultz a immédiatement réagi au bombardement en congratulant le ministre des Affaires étrangères israélien et en offrant sa sympathie. Mais il a dû retirer ses louanges quand le Conseil de sécurité de l'ONU a passé une résolution unanime condamnant Israël pour cet acte d'agression. Reculant pour cette fois, les États-Unis se sont contentés de s'abstenir.

Mais cette fois encore, accordons le bénéfice du doute aux États-Unis et à Israël en appelant cela un acte de terrorisme international et non, comme le reste du monde, une agression armée. Voilà pour le second candidat.

Personne n'a fait semblant de faire passer cela pour de l'autodéfense, pas davantage que lors de l'invasion du Liban.

Le seul autre candidat auquel je puisse penser, c'est l'opération « Poing de fer » lancée en mars 1985 par Shimon Peres dans le Sud du Liban. L'armée israélienne s'est attaquée à ce que le haut commandement appelait des « villages terroristes » et cela a donné lieu à des massacres et à des atrocités. Beaucoup de gens ont été tués par *Tsahal* et par les mercenaires des milices du Sud ; des prisonniers ont été emmenés en Israël pour être interrogés, c'est-à-dire incarcérés et torturés.

Personne ne mentionne l'ampleur du massacre en vertu du principe journalistique et universitaire que l'on ne fait pas de recherches sur ses propres atrocités. (Nous connaissons jusqu'au dernier les noms des victimes des atrocités attribuables à d'autres, mais quand nous en sommes les auteurs : silence dans les rangs.)

Prenons par exemple la guerre américaine au Viêt-nam : elle a clairement fait des millions de victimes mais on n'en sait rien à un million près. Qui perdrait son temps à compter ? Qui irait compter les centaines de milliers de gens qui sont morts des suites des bombardements chimiques américains au Viêt-nam du Sud ? À l'étranger, il y a bien eu quelques tentatives mais aux États-Unis, ce n'est pas vraiment à l'ordre du jour. On ne s'intéresse pas à ce genre de choses. C'est ainsi.

On ne connaît pas vraiment non plus le nombre des victimes de l'attaque terroriste israélo-américaine au Sud du Liban. (Elle a été lancée par un parti de gauche intitulé le « parti de la paix », qui était alors au pouvoir en Israël.)

Aucun autre attentat terroriste dans la région n'est comparable à ces trois exemples de la « guerre contre le terrorisme » dans cette région du monde.

Bien entendu, cette même guerre a fait rage ailleurs, comme en Afrique australe où un million et demi de gens ont été tués par les déprédations commises par l'Afrique du Sud chez ses voisins – et je ne compte pas ce qui s'est passé à l'intérieur de ses frontières ! Au Mozambique et en Angola, il y a eu un million et demi de morts et soixante milliards de dollars de dégâts rien que du temps de la présidence de Reagan, de 1980 à 1988. C'était pendant les années de « l'engagement constructif », quand l'Afrique du Sud de l'apartheid était considérée comme un allié de choix et l'*African National Congress* de Nelson Mandela comme « le groupe terroriste le plus notoire » du monde. Mais en 1988, l'Afrique du Sud était notre alliée malgré les actes qu'elle avait commis au cours des huit années précédentes. On pourrait continuer ainsi tout autour du monde.

Certaines conclusions s'imposent : la première est que la corrélation entre l'aide américaine et les extraordinaires violations des droits de l'homme est si étroite que ça ne vaut même pas la peine de l'étudier. On pourrait trouver des divergences dans les années soixante ou soixante-dix mais en 1980, c'est du cent pour cent. Je ne parle même pas de la santé sociale : lorsqu'on traite les gens de la manière que nous avons évoquée, on ne parle plus des conséquences sur leur santé.

La seconde conclusion, c'est la continuité : non seulement tout ceci poursuit ce qui se passait auparavant, mais si vous regardez quels sont ceux qui dirigent actuellement la « guerre contre le terrorisme », vous vous apercevez que toute la partie militaire est aujourd'hui commandée par Donald Rumsfeld qui était alors l'envoyé spécial de Ronald Reagan au Moyen-Orient, et qui a sa part de responsabilité dans ce que j'ai décrit. Quant à l'élément diplomatique, il est dirigé par John Negroponte, nommé ambassadeur à l'ONU pour y mener la « guerre contre le terrorisme ». En ce temps-là, il était ambassadeur des États-Unis au Honduras, la base opérationnelle des missions terroristes de toute la région, celle qui préparait et supervisait la guerre contre le Nicaragua.

Les deux leaders de l'actuelle « guerre contre le terrorisme » sont donc des vétérans des précédentes : mêmes têtes, mêmes institutions, même politique. Et si vous vous demandez ce que sera la seconde phase de la « guerre contre le terrorisme » d'aujourd'hui, vous pouvez vous attendre aux mêmes résultats.

Tout ceci est présenté dans les revues spécialisées. Le numéro de décembre 2002 de *Current History [Histoire contemporaine]* – une revue sérieuse – est consacré à la terreur et aux problèmes du terrorisme. Les auteurs, qui sont des analystes et des universitaires connus, identifient les années quatre-vingts comme la décennie du terrorisme d'État et ils ont raison. C'était tout à fait cela. Ils décrivent les États-Unis comme un pays qui a efficacement combattu le terrorisme d'État de cette période par des « méthodes *proactives* ». Ainsi, toutes les actions que je viens de décrire seraient des mesures de « *défense proactive* » contre le terrorisme. Ces chercheurs suggèrent également que la guerre contre le Nicaragua (pour laquelle les États-Unis avaient été condamnés par la Cour mondiale) est un bon modèle pour de futures actions antiterroristes. Ils montrent spécifiquement que la guerre qui utilisait les « *contras* » contre le Nicaragua était un excellent modèle pour l'appui américain de l'Alliance du Nord en Afghanistan.

Dans cette revue, l'année 1985 au Moyen-Orient est également mentionnée comme un summum de l'activité terroriste. Quelques exemples sont donnés, qui n'ont rien à voir avec ceux que j'ai cités plus haut, naturellement, parce qu'ils ne peuvent pas l'être. Ils concernent deux incidents qui avaient fait deux victimes : deux Américains. Le premier concerne l'attaque d'un avion au cours de laquelle un officier américain avait trouvé la mort. Le second, beaucoup plus connu, concerne l'*Achille Lauro,* le navire pris d'assaut sur lequel Leon Klinghoffer, un citoyen américain invalide, avait été assassiné. Ce sont deux actes terroristes. Il y a eu une victime dans chaque cas. L'assassinat célèbre de Leon Klinghoffer est comparable, par exemple, à un incident qui est arrivé à Djénine il y a quelques semaines lorsqu'un homme en fauteuil roulant, qui essayait d'éviter l'arrivée d'un char israélien, a été broyé par ses chenilles. Ou un autre, avant-hier, quand une jeune femme qui tentait d'aller à l'hôpital pour sa dialyse s'est vue bloquée et empêchée de passer ; elle aussi était dans un fauteuil roulant et elle est morte. Il existe bien d'autres incidents comparables à ceux-ci et l'on pourrait les faire défiler, rien que pour prouver certaines continuités. Mais naturellement, personne ne les classe parmi les « actes terroristes ».

L'attaque de l'*Achille Lauro* [par un commando palestinien] était sans nul doute du terrorisme. Et il ne peut être justifié par le fait qu'il se voulait un acte de représailles pour le terrible bombardement de Tunis la semaine précédente. On ne peut pas justifier les représailles terroristes. Mais bien sûr, cette remarque est une généralisation dont je vous laisse tirer les conclusions. (Nous acceptons certains principes moraux élémentaires mais si nous nous séparons de la totalité de la discussion d'un tel sujet, les conséquences sont ce qu'elles sont.)

Mais ce n'est pas la fin des interprétations : dans le même numéro de la revue, on découvre qu'un professeur d'UCLA [l'Université de Californie à Los Angeles], grand spécialiste du terrorisme, retrace les racines de Ben Laden beaucoup plus loin, et pas seulement dans l'Islam. Il remonte jusqu'à la guerre du Viêt-nam en disant que « la terreur Viêt-cong contre le Goliath américain [...] a allumé bien des espoirs en montrant que la patrie du géant était vulnérable ». Ainsi donc, les États-Unis étaient déjà vulnérables au Viêt-nam du Sud lorsque les Sud-Vietnamiens y pratiquaient le terrorisme contre nous...

Un autre exercice utile serait d'explorer les archives nazies, par exemple, afin d'y trouver des analogies. Vous pourriez vous y essayer. Ceci n'appelle pas d'autre commentaire, hormis une réflexion sur la culture intellectuelle et morale dans laquelle nous vivons. Je pense que cela devrait nous interpeller.

Je continue avec les actes de terrorisme que j'ai décrits en Amérique centrale, au Moyen-Orient et en Afrique du Sud, mais qui ne sont pas comptés comme tels. Ils n'entrent pas dans la catégorie « terrorisme » des études universitaires – ou du moins, ils n'y figurent pas parmi les actes terroristes : ils ne sont que des manifestations du « *contre-terrorisme* ». Le principe en est que si quelqu'un commet des attentats contre nous, c'est du terrorisme ; mais si les États-Unis ou leurs alliés en commettent de bien pires contre quelqu'un d'autre, il ne s'agit plus que d'une « juste guerre ».

Pour autant que je sache, ce principe est universel. Explorez l'énorme littérature qui traite de ce sujet et voyez si vous trouvez une seule exception. Pendant toute l'histoire de l'impérialisme européen, c'est la ligne qui a servi de modèle : par la « juste guerre », on apporte la civilisation à des barbares ou quelque chose de ce genre. Si l'on porte le fer de la pire des manières dans leurs pays – souvenez-vous qu'avant le 11 septembre, l'Occident était plutôt à l'abri –, ce n'est pas du terrorisme ; c'est une mission civilisatrice ou quelque chose comme ça.

Ceci est vrai des pires assassins de l'Histoire qui ont utilisé les mêmes techniques. Si on lit la littérature de propagande nazie de l'Europe occupée, on s'aperçoit que les nazis affirmaient défendre les populations et les gouvernements légitimes contre des partisans « terroristes » soudoyés par l'étranger. Et comme dans toute propagande efficace, même la plus vulgaire, il y a toujours un brin de vérité, il est exact que les Résistants utilisaient le terrorisme et qu'ils étaient dirigés de Londres, et que le gouvernement de Vichy était aussi légitime que la plupart des régimes installés par les États-Unis et les autres puissances impériales autour du monde. Il y a donc une justification marginale à cette grotesque propagande nazie qui ressemble à la nôtre.

On peut en dire autant des Japonais en Mandchourie et en Chine du Nord : ils disaient apporter à ces peuples le paradis sur Terre et défendaient le gouvernement nationaliste de Mandchourie contre les bandits chinois et ainsi de suite. Tout à fait comme nous.

Mais il me semble que le principe est universel : on le fait – c'est de la contre-terreur ; les autres le font – c'est du terrorisme. L'ordre de grandeur n'a aucune importance. Rien n'a d'importance.

Si nous passons à présent aux années quatre-vingt-dix et à aujourd'hui, examinons l'aide militaire, toujours en laissant Israël et l'Égypte dans leur coin. Le Salvador en était le premier bénéficicaire lors de la campagne terroriste massive engagée contre son peuple. Mais après la victoire américaine contre la *théologie de la libération,* la première place est revenue à la Turquie et elle l'a gardée jusqu'en 1999. Ensuite, c'est la Colombie qui a pris la tête de ce classement.

Si je peux ajouter une note personnelle, je viens de revenir de ces deux pays, des endroits où ont eu lieu les pires atrocités terroristes de cette décennie : j'étais dans le Sud de la Colombie la semaine passée, et en Turquie du Sud-Est quelques semaines plus tôt.

Pourquoi la Turquie? Elle a toujours reçu une aide militaire importante de la part des États-Unis à cause de sa position stratégique : elle est proche de l'Union soviétique et du Moyen-Orient. Elle a reçu un flot constant et conséquent de fournitures militaires pendant toute la Guerre froide. En 1984, les choses ont changé : sous l'*administratio*n Clinton l'aide militaire a quadruplé par rapport à ce qu'elle avait été jusque-là. En 1997, elle a même égalé tout ce qui avait été fourni jusqu'à 1984, c'est-à-dire 80 % de l'équipement militaire des forces turques. Ce n'étaient pas seulement des pistolets ; il s'agissait d'avions, de tanks, de conseillers militaires et du reste. Qu'est-ce qui avait donc changé ?

Pendant ces années-là, le gouvernement turc a appliqué un terrorisme d'État, en particulier contre le peuple kurde qui représente un quart de la population de la Turquie. Une véritable guerre était alors menée contre eux. C'est la région que j'ai visitée. Je reprends l'expression « terrorisme d'État » de plusieurs sources. L'une d'entre elles est le sociologue turc bien connu Ismail Besikci, l'auteur de *State Terror in the Middle East* (1991), un ouvrage qui incluait la terreur turque dans les régions kurdes. Il a été immédiatement incarcéré. D'après ce que je sais, il l'est toujours. Il avait déjà purgé quinze ans de prison pour avoir rapporté les faits d'une répression turque sur les Kurdes qui dure depuis des décennies.

La fondation américaine pour la Liberté d'Expression lui a offert un prix de dix mille dollars mais il l'a refusé à cause du soutien décisif des États-Unis à la terreur d'État dans son pays. Son second emprisonnement a provoqué de vives réactions parmi les écrivains, les chercheurs et les parlementaires en Grande-Bretagne mais pas aux États-Unis – pour la raison évidente que si c'est nous qui faisons la guerre, ce n'est pas du terrorisme. Ce que décrivait Besikci ne pouvait donc pas être du terrorisme et il n'avait aucune raison de protester.

Besikci n'est pas le seul à parler de terrorisme d'État: en 1994, le ministre turc des droits de l'homme a décrit la terreur que son gouvernement faisait subir à deux millions de ses concitoyens comme du terrorisme d'État : des dizaines de milliers de morts, deux millions de gens chassés de leurs foyers et d'innombrables atrocités d'une barbarie sans nom.

Aujourd'hui, la situation a empiré. Lors de ma visite, le chef respecté de la commission kurde aux droits de l'homme, Osman Baydemir (qui est fort respecté, soit dit en passant, à l'ambassade américaine), estimait qu'il y avait à présent plus de trois millions de réfugiés et cinquante mille morts. J'ai vu beaucoup de ces réfugiés vivant dans des grottes aux alentours de Diyarbakir et dans d'autres lieux. Peu de temps après ma visite, Osman Baydemir a été inculpé par les tribunaux d'État pour avoir commis un crime : lors des fêtes du nouvel an dans la région, il avait décrit cet événement en utilisant l'orthographe kurde au lieu de l'orthographe turque (qui ne diffèrent que par une lettre : V au lieu de W)*. Nous ne savons pas ce qu'il est advenu de lui.

Si quelques enfants sont habillés de couleurs qui, assemblées, peuvent ressembler au drapeau kurde, cela est considéré comme un crime grave. Lors de mon séjour, un journaliste a été arrêté pour

---

* *Cf.* « "W" and Torture: Two Trial Observations, » septembre 2002, publié par le *Kurdish Human Rights Project* (Londres), le Comité *Bar Human Right Committee of England et Wales*, la *Human Rights Association*, Ankara. L'orthographe du mot est la suivante : en turc : « Nevruz » ; en kurde : « Newroz ».

avoir passé une chanson kurde à la radio et sa station a été fermée. Un éditeur, qui avait publié certains de mes essais, était poursuivi pour trois phrases, tirées d'un rapport humanitaire mentionnant la répression des Kurdes en Turquie. La réaction internationale a suffi pour le faire libérer mais il est aujourd'hui sous le coup de six autres inculpations similaires. Et ça continue.

J'ai observé un acte remarquable de courage lors de ma visite à Diyarbakir : devant un large public, des caméras de télévision et de nombreux policiers, trois étudiants se sont levés pour m'offrir un dictionnaire kurde-anglais. On ne peut décrire la bravoure d'un tel acte : il faut connaître la situation pour savoir ce que ça signifie. Personne ne savait comment ce dictionnaire avait atterri en Turquie. Je ne sais pas ce qu'il est advenu des étudiants. Il est impossible de le savoir. Les étudiants et tous ceux qui protestent contre la dureté des lois reçoivent beaucoup de soutien. Istanbul n'est pas comme les États-Unis : de nombreux écrivains, des journalistes et des universitaires se battent constamment contre une répression draconienne et sont sérieusement menacés. Ils vont en prison et, comme vous savez, les geôles turques sont loin d'être gaies. Ils sont infatigables.

Lors de ma visite, ils ont présenté au procureur général de l'État un livre d'écrits censurés, en y joignant des textes écrits dans les prisons et en exigeant d'être poursuivis. Encore une fois, à cause de l'attention internationale, il ne s'est rien passé. Voilà ce que font les gens lorsqu'ils sont réellement victimes de la répression. Contrairement aux États-Unis où des privilégiés font semblant d'être réprimés, voilà ce que font des intellectuels partout où ils prennent les droits de l'homme et les droits civiques au sérieux. Ils ont désespérément besoin de l'aide de tous et de la nôtre en particulier.

D'ailleurs, il existe aux États-Unis une réaction à la terreur d'État en Turquie : le *Département d'État* a publié son rapport annuel pour 2002 – juste après le succès de la campagne terroriste, si vous préférez – et il a distingué la Turquie pour ses « expériences positives » dans la lutte contre le terrorisme. La Turquie figurait aux côtés de l'Espagne et de l'Algérie. Je n'ai pas besoin de mentionner l'Algérie mais dans le cas de l'Espagne, je suppose qu'ils pensaient aux officiels espagnols qui ne sont pas encore en prison pour leurs atrocités contre-terroristes.

L'ambassadeur américain en Turquie vient d'écrire dans une revue universitaire que les États-Unis ne pouvaient avoir de meilleur allié et ami dans la lutte antiterroriste, ainsi que je viens de le montrer. Le gouvernement turc est plein de gratitude et le Premier ministre s'est empressé d'offrir des fantassins turcs aux États-Unis pour leur guerre antiterroriste d'Afghanistan en expliquant que c'était en remerciement de l'aide américaine à la lutte antiterroriste, que je viens de mentionner. L'armée turque protège à présent Kaboul avec des subsides américains, ce qui veut dire que les troupes qui ont commis certaines des pires atrocités de la dernière décennie participent aujourd'hui à la « guerre contre le terrorisme », financées dans les deux cas par les États-Unis.

Ceci ne suscite pas de commentaires : vérifiez et vous verrez – ce qui nous en dira long sur nous-mêmes. Ce n'est pas que cela soit oublié... Je ne sais pas trop ce qu'en aurait pensé George Orwell mais on peut le deviner.

En 1999, la Colombie a remplacé la Turquie comme premier bénéficiaire de l'aide militaire américaine. Si la Turquie avait réussi à écraser sa population, les atrocités en Colombie n'avaient pas encore eu cet effet mais elles étaient significatives.

Dans les années quatre-vingt-dix, sur le plan des droits de l'homme, la Colombie méritait sans doute la plus mauvaise note de l'hémisphère. Selon le principe familier de corrélation, elle recevait par conséquent davantage d'aide militaire que tous ses voisins réunis. On y retrouve la relation « normale » et les exactions sont monstrueuses. L'une, en particulier, a fait l'objet d'une enquête de l'État : elle concernait un massacre à la tronçonneuse. Les soldats de l'armée colombienne sont allés dans une région et ils ont découpé des gens de cette manière avant de jeter leurs morceaux dans des charniers, et ainsi de suite. Il y a quand même eu une punition pour de tels méfaits : l'officier qui dirigeait cette action a été relevé de son commandement. On ne peut donc pas parler d'immunité !

La Colombie détient à présent le record des assassinats de syndicalistes et de journalistes. J'y suis allé en mission il y a quelques années pour une campagne d'*Amnesty International* cherchant à protéger les défenseurs des droits de l'homme dans plusieurs pays. La Colombie avait été choisie pour sa place de championne des assassinats de ces militants. Aujourd'hui, les assassinats politiques en sont à dix ou vingt par jour. Aux deux millions de personnes déplacées viennent s'ajouter des dizaines de milliers d'autres chaque mois, qui sont expédiées dans des bidonvilles misérables, sans soins médicaux, sans instruction, sans rien. Ces atrocités ont été vérifiées et ne font aucun doute. Près de 80 % d'entre elles sont attribuables à l'armée et aux paramilitaires qui les accompagnent.

Sur dix ans, on s'aperçoit que le pourcentage des victimes attribuées à l'armée est en régression pour céder la place à celles de ces paramilitaires et ceci s'explique pour des raisons de *relations publiques* : l'armée colombienne a compris, comme bien d'autres, que le meilleur moyen de pratiquer la terreur, c'était de la privatiser, de la refiler à des paramilitaires ainsi que l'ont fait les Indonésiens au

Timor oriental, les Serbes en Bosnie, etc. C'est devenu une technique généralisée. L'armée peut ainsi clamer son innocence. Mais si l'on se réfère aux analyses établies par des organisations comme *Human Rights Watch,* on voit que les atrocités sont assignées aux paramilitaires de « la sixième division », celle qui vient s'ajouter aux cinq divisions officielles. On assure ainsi ce qu'on appelle une « contestabilité plausible » !

La Colombie reçoit aussi des louanges. Elle avait déjà été félicitée par Bill Clinton pour ses prouesses sur le plan des droits de l'homme et comme démocratie aux réformes économiques de pointe. Ce dernier compliment est le bon : la Colombie détient sans doute le record du monde de la privatisation – c'est-à-dire la remise de ses ressources entre les mains des investisseurs étrangers. Un vrai pactole ! Je vous disais qu'on privatisait même le terrorisme !

Étant donné que les États-Unis privatisent également leur propre contribution au terrorisme international, il y a aujourd'hui une foule de conseillers américains sur place – probablement deux fois plus nombreux que les officiers U.S. – dans des compagnies privées comme *DynCorp* et *Military Professional Resources Inc.* Leur objectif est similaire : la fameuse « contestabilité ». Cette privatisation signifie que les conseillers et les armes sont libres de toute supervision de la part du Congrès de Washington et de sa législation qui impose certaines conditions humanitaires avant toute attribution d'aide.

L'ancienne échappatoire consistait à délivrer une clause de désistement, comme le faisait Clinton : « Ignorons les parlementaires ! » Mais le Congrès a rajouté de nouvelles conditions. En mai 2002, Colin Powell a décidé que la Colombie respectait les normes humanitaires de Washington – ce qui est malheureusement le cas ! (Si vous voulez en savoir plus, *Amnesty International & Human Rights Watch* ont fait un rapport là-dessus. Si vous arrivez à le trouver, vous en apprendrez de belles.)

Les résultats, je les ai observés pendant quelques jours au Sud de la Colombie, dans la province de Cauca, qui a le pire palmarès de violations des droits de l'homme pour 2001. C'est vraiment terrible. C'est une province où vivent surtout des populations indigènes, des *campesinos* et des Afro-Colombiens. Ils ont pu s'organiser en ce qu'ils appellent un « bloc social » qui s'occupe de la santé, de l'éducation et d'autres réformes. Ils ont même réussi, à la surprise générale, à élire leur propre gouverneur, un autochtone fier et impressionnant. C'est une des rares fois dans l'histoire de l'hémisphère qu'un indigène a pu se faire élire à un poste aussi élevé. J'ai rencontré cet imposant personnage. Les conséquences de ces réalisations ne se sont pas fait attendre : les paramilitaires sont descendus et sont en train de se déployer dans toute la région. Les atrocités augmentent dramatiquement et très peu de gens pensent que le gouverneur ira au bout de son mandat.

J'ai passé plusieurs heures à écouter les témoignages de paysans pauvres qui racontaient la terreur. Mais la pire qu'ils ont subie, c'est celle qui vient directement des méthodes terroristes américaines, c'est-à-dire la *fumigation*. Cette méthode détruit complètement leurs vies, leurs cultures, leurs bestiaux. Les enfants en meurent: vous pouvez voir les croûtes sur leurs corps. Ce sont de pauvres fermiers qui cultivent le café. C'est une culture difficile et les prix sont bas. Mais ils avaient réussi à se creuser une niche sur les marchés internationaux en produisant un café « biologique » de haute qualité, vendu en Allemagne et ailleurs. Tout cela est fini. Une fois que les caféiers sont détruits et que la terre a été empoisonnée par la fumigation, tout est fini. Les vies sont détruites, les cultures ruinées ; la biodiversité disparaît et, avec elle, la tradition de l'agriculture paysanne, très riche dans cette partie du monde, qui explique les hauts rendements basés sur un savoir traditionnel. Tout est anéanti.

Officiellement, la fumigation est étiquetée « guerre à la drogue » – ce qui est très difficile à prendre au sérieux sauf comme couverture à des programmes de contre-insurrection. C'est là une nouvelle phase dans une longue histoire de suppression des paysans de la terre au profit d'une élite fortunée et d'investisseurs impatients d'exploiter les ressources.*

La conséquence de ce désastre est que si la région redevient jamais agricole, ce sera une monoculture à l'exportation avec des graines de laboratoire achetées à la firme *Monsanto*. Il n'y a pas d'autre alternative. Quand on a chassé les paysans d'une région à coups d'armes chimiques et de ravages de récoltes, on peut aussi l'ouvrir aux mines à ciel ouvert – il semble y avoir du charbon dans le coin – ainsi qu'aux barrages hydroélectriques au profit des multinationales. C'est tout cela qui ressemble à un « succès ».

Quant aux communautés de populations, aux cultures, il vaut mieux ne plus y penser. Ce ne sont que « de simples choses – dont la vie est sans valeur ». (J'ai cité le philosophe Hegel, parlant des Africains.) Mais c'est également notre attitude et nous pouvons donc continuer en toute quiétude et en toute impunité et nous congratuler des réussites.

Ces gens sont comme les Kurdes de Turquie ou

---

* *Cf.* Doug Stokes, « *Better Lead than Bread ?* ["Plutôt plomb que pain", un calembour calqué sur le slogan *"Better Red than Dead"* = Plutôt rouge que mort, *(N.d.T.)*] *A Critical Analysis of the U.S.'s Plan Columbia* [Analyse critique du plan américain pour la Colombie », *Civil Wars* 4.2, été 2001, pp. 59-78 ; Gary M. Leech, *Killing Peace*, Information Network of the Americas, New York 2002, p. 66. (*Cf.* Chomsky, *Rogue States [Les États voyous]*, chapitre 5.

les Palestiniens. Comme le dit si bien le rédacteur de la *New Republic* à propos de son sujet favori, « Les Palestiniens deviendront une autre de ces nations laminées, comme les Kurdes ou les Afghans », et le problème palestinien, « qui commence à être ennuyeux », sera finalement résolu.

Cette opinion a été reprise en mai 2002 par le leader de la majorité de la Chambre des représentants à Washington, Dick Armey, qui donnait son avis sur le problème israélo-palestinien : « Les Palestiniens devraient partir. » C'est vrai, après tout, il y a plein d'endroits dans le monde. Pourquoi n'y vont-ils pas, puisqu'ils sont de simples choses sans importance… ?

Je pourrais décrire des horreurs pendant des heures mais j'aimerais me tourner vers une autre sorte de terreur : la guerre économique destinée à laminer la vie des gens. Deux pays sont aujourd'hui sous embargo américain dans l'hémisphère occidental : Cuba et Haïti. (Il se trouve que c'est sur leurs côtes qu'arrivaient jadis les esclaves d'Afrique.)

Dans le cas de Cuba, l'embargo dure depuis quarante ans et fait partie d'une guerre économique plus large. Washington vient de redéfinir Cuba comme l'un des États terroristes de « l'Empire du Mal ». C'est peut-être parce que Cuba est depuis quarante ans la cible du terrorisme international américain, plus encore que tous les autres États, à l'exception possible du Liban. Le conflit remonte à 1959. Jusqu'en 1989, le prétexte était la nécessité de défendre les États-Unis contre un tentacule de la pieuvre soviétique, toujours prête à nous étouffer. En 1989, on oublie l'ancien prétexte pour en trouver un nouveau et durcir encore l'embargo – tout ceci pour l'amour de la démocratie qui nous caractérise, la démocratie telle qu'elle s'affiche en Colombie.

(Incidemment, il y a quelques années, la Colombie a autorisé un parti indépendant qui a même reçu la permission de se présenter aux élections. Mais il a rencontré quelques difficultés car en quelques années, trois mille de ses cadres ont été assassinés par des « commandos de la mort » liés à l'armée soutenue par les États-Unis, ainsi que des maires, des candidats aux élections présidentielles, etc. Mais comparée à Cuba, la Colombie est toujours une grande démocratie. C.Q.F.D.)

L'embargo américain contre Cuba est d'une sévérité invraisemblable – unique, en réalité – parce qu'il va jusqu'à interdire la nourriture et les médicaments en violation de toutes les lois humanitaires. Il est condamné par le monde entier. La position américaine d'autodéfense contre une attaque en provenance de cet avant-poste de l'empire russe s'est transformée subrepticement en posture de défenseur de la démocratie. Il vous sera facile de vérifier combien de commentateurs ont fait état de ce brusque changement.

Un tel revirement n'a rien d'étonnant si l'on se rend bien compte que la peur du communisme n'était qu'un bluff absolu. Nous le savons depuis longtemps grâce aux documents internes qui ont été « *declassified* » – c'est-à-dire rendus publics. Cela date de l'administration de John F. Kennedy et c'est sans doute pour cette raison qu'on n'en parle jamais. L'historien Arthur Schlesinger avait soumis à ce sujet au Président des rapports très révélateurs. (J'ai écrit un livre sur ce sujet, *Profit over People*.)

La « ligne » officielle américaine est que le seul effet de l'embargo est d'aider Fidel Castro sans affecter les Cubains. (C'est ce qu'a répété le Président Carter il y a quelques semaines.) Les seuls à souffrir de l'embargo seraient les fermiers américains et l'agro-business impatients d'exporter vers Cuba.

D'autres ont examiné la situation; c'est le cas de l'*American Association of World Health* qui a publié en 1997 une étude documentée de trois cents pages d'après laquelle l'embargo a fait énormément de tort à la santé et au bien-être des Cubains, causant ainsi un accroissement significatif des souffrances et des décès. C'est grâce à l'étonnant système de santé de l'île qu'une catastrophe humanitaire a pu être évitée, tout en ayant des conséquences prévisibles sur ce même système en dévoyant ses ressources. L'embargo anticubain a aussi bien « réussi » que la victoire américaine sur la *théologie de la libération* ailleurs.

L'autre embargo est encore plus grotesque car il vise Haïti. Depuis un siècle, cette île est la cible d'interventions militaires répétées de la part de son encombrant voisin. Haïti est aujourd'hui le pays le plus pauvre de l'hémisphère et il est possible qu'il ne puisse pas survivre plus d'une ou deux générations. Cette nouvelle « corrélation » tend à se généraliser et mérite qu'on y réfléchisse.

Le président Woodrow Wilson avait envahi la République d'Haïti en 1915. Si vous avez étudié la théorie des relations internationales, on appelle cela une « démonstration de l'idéalisme wilsonien ». Les *marines* avaient débarqué et détruit le système parlementaire, réinstallé l'esclavage, tué un nombre indéterminé de gens (les Haïtiens parlent de 15 000 victimes) et transformé le pays en plantations pour les investisseurs américains en instituant une Garde nationale brutale et meurtrière, qui règne depuis lors sur le pays avec l'appui de Washington.

Je ne vais pas refaire toute l'histoire de l'île mais disons que les choses ont continué ainsi jusqu'au milieu des années quatre-vingt-dix, lorsque George Bush senior, puis Bill Clinton ont soutenu la junte militaire jusque dans ses actions terroristes les plus criminelles. C'est une autre chose que j'ai pu observer personnellement sur place pendant quelques jours. En ce moment, ici même, près de Manhattan, l'un de leurs pires criminels, Emmanuel Constant, se terre dans Queens, caché par les États-Unis. Il a déjà été condamné en Haïti pour ses crimes terroristes alors qu'il dirigeait la force paramilitaire qui a assassiné quatre ou cinq mille personnes au début de 1990, quand Bush et Clinton soutenaient la junte. Haïti a tenté de l'extrader mais les États-Unis n'ont pas daigné répondre. La presse n'a fait là-dessus aucun commentaire. Pourquoi devrions-nous extrader un tueur qui n'a à son actif que quelques milliers de victimes, surtout que s'il rentre au bercail, il risque de lâcher le morceau sur les connexions directes qui existaient de son temps avec les Américains. Donc, motus et bouche cousue.

Il existe en revanche des commentaires médicaux sur la question : Paul Farmer a récemment étudié le sujet. En 1995, après le renversement de la junte, l'*Inter-American Development Bank [IADB]* et d'autres agences ont installé des projets destinés à reconstruire ce qui restait d'un système de santé en ruine et à inverser le déclin de l'espérance de vie – le seul cas négatif de l'hémisphère. Mais tout cela a été stoppé par l'embargo qui a bloqué cinq cent millions de dollars d'aide en provenance de l'*IADB* et d'autres sources, amplifiant ainsi des conditions effroyables. Actuellement, la seule aide extérieure vient de Cuba, comme c'est le cas pour d'autres pays pauvres, mais il s'agit surtout de personnels médicaux qui ne peuvent malheureusement pas compenser les pertes.

Je signale en passant qu'Haïti est en train de payer les intérêt d'emprunts qui sont bloqués et qui, par conséquent ne lui parviennent pas – rien que pour ajouter à la catastrophe. Voilà le second embargo que nous imposons par amour de la démocratie. C'est du moins ce que Colin Powell et consorts nous ont expliqué.

Je dois dire également qu'il existe aujourd'hui un nouveau genre littéraire florissant aux États-Unis, avec ses *best-sellers* – et une pluie d'articles spécialisés sur un sujet fort intéressant : « Pourquoi ne répondons-nous pas comme il le faudrait aux crimes des autres ? » Cette nouvelle mode mériterait une note en fin de chapitre dans une étude sur nos rapports avec les droits de l'homme – une étude dont le titre serait plutôt : « Pourquoi sommes-nous toujours en train de participer de manière décisive à tant d'horribles violations des droits de l'homme ? »

Question impensable ! Si l'on a le droit de s'étonner de notre insuffisance à riposter aux crimes des autres, il vaut mieux ne pas s'interroger sur les questions que je viens de soulever – nos atrocités massives – parce que ce serait avouer que de tels crimes existent, et cela ne peut se concevoir. Comment pourrait-il en être ainsi ? Si vous tentez de poser la question, vous êtes immédiatement sifflé hors-jeu et disqualifié.

Parallèlement, on entend beaucoup de graves commentaires, ces jours-ci, sur ce que nous devrions faire pour combattre la peste du terrorisme. C'est très sérieux, nous dit-on, et les menaces viennent de partout. Il existe pourtant une manière fort simple de diminuer considérablement le terrorisme mondial : que les États-Unis arrêtent de le soutenir et d'y participer.

Je ne dis pas qu'on résoudrait ainsi tous les problèmes, mais cela ferait déjà un gros morceau en moins. Mais vous chercherez vainement une quelconque discussion sérieuse de ce truisme. Et tant que de telles questions ne seront pas mises à l'ordre du jour et au cœur de nos préoccupations, ce genre de discussion ne sera pas pris au sérieux, et les malheureux du monde sombreront de sombrer plus bas encore dans leur misère.

*

Ce qui suit est un extrait des questions-réponses qui ont suivi la conférence de Noam Chomsky.

QUESTION : Je pense – et j'espère que vous serez de mon avis – que ce qui était radicalement différent entre ce que les nazis ont fait et ce que nous avons fait au Viêt-nam, c'est l'intention. Les nazis avaient décidé d'exterminer les Juifs d'Europe ; notre intention au Viêt-nam n'était pas le génocide.

NOAM CHOMSKY : Je n'appellerais jamais ce qui s'est passé au Viêt-nam un « génocide ». Je suis d'accord avec vous, ce n'est pas le terme approprié. C'était complètement différent et je ne connais personne qui ait suggéré le contraire. C'est différent pour toutes sortes de raisons. Les nazis sont réellement uniques de ce point de vue. L'histoire de l'humanité a connu des atrocités sans nom mais l'extermination de masse industrialisée, telle que l'ont inaugurée les nazis, se situe à part, hors du champ. Il n'existe rien de comparable. La manière dont ils ont traité les Juifs, les Tziganes et quelques autres groupes, est unique.

Mais il se commet des quantités d'atrocités dans le monde, et certaines d'entre elles sont de notre fait – sans compter... celles qui ne sont pas prises en compte. Laissez-moi vous donner un exemple de ce qui n'est pas compté. Vous vous rappelez, je pense, *Le Livre Noir du Communisme*, qui a été un best-seller l'an dernier et qui a reçu toutes sortes de commentaires élogieux dans le *New York Times* et partout ailleurs. C'était la traduction d'un livre français qui estimait le nombre total des victimes du communisme à cent millions. Sans vouloir pinailler sur les chiffres, disons qu'il est exact. La plus grosse part de ce calcul concernait une famine en Chine, de 1958 à 1960, qui avait tué environ vingt-cinq millions de gens. Pourquoi cette famine a-t-elle été considérée (à raison) comme un crime politique et idéologique ? Ce phénomène a été étudié en détail par l'économiste Amartya Sen, qui a reçu le Prix Nobel pour ce travail. Il a traité la catastrophe comme un crime idéologique – et il a bien fait – en précisant qu'il n'existait pas d'intention de tuer tous ces gens mais que les institutions idéologiques étaient telles que le pire est arrivé. La Chine était un

État totalitaire dans lequel aucune information sur la réalité n'arrivait jamais au sommet. Aucune action n'a donc pu être entreprise parce que c'est ainsi que les choses se passent dans les États totalitaires. Ce gigantesque massacre n'a pas été « voulu ». Mais on peut dire avec raison qu'il constitue l'une des pires horreurs du XXe siècle et le crime le plus effroyable du communisme.

Je n'ai répondu qu'en partie à votre question sur les intentions parce que ce n'est que la moitié de l'histoire.

En étudiant les famines et les conditions qui les précipitent, Amartya Sen a comparé la Chine à l'Inde. Naturellement, à l'époque où l'Inde était sous mandat britannique, elle a souvent connu de terribles famines faisant des dizaines de millions de morts, mais personne n'a porté cela au compte de l'impérialisme britannique. Comme d'habitude, si c'est nous qui le faisons, ce n'est pas un crime.

Mais Sen montre qu'à partir de l'indépendance, l'Inde a souffert de graves pénuries de nourriture* sans toutefois connaître de grande famine. De 1947 jusqu'à l'époque où Sen fait les recherches qui lui vaudront le Prix Nobel, vers 1980, il n'y a aucune famine majeure en Inde. Il compare cette situation à celle de la Chine qui avait subi la terrible famine dont nous parlions, et

---

* Noam Chomsky utilise le mot « *starvation* », qu'il différencie de « *famine* » *(N.d.T.)*.

il montre les différences entre les institutions des deux pays. En Inde, pays démocratique, si une information concernant la faim dans une région était publiée, les autorités centrales pouvaient y remédier de manière à enrayer une disette plus grave. Ceci n'est qu'une partie de son étude et elle est bien connue de tous.

Mais Sen va plus loin. Voici donc le reste, tiré des mêmes articles et des mêmes livres, mais qui n'est pas du tout connu : il nous propose de comparer la mortalité en Chine et en Inde de 1947 jusqu'à l'époque de ses travaux. Si les deux pays avaient à peu près le même taux vers 1947, il se met à décliner très nettement en Chine, alors qu'il reste très élevé en Inde. Sen considère cela aussi comme un crime idéologique. Il dit que la différence vient de l'institution, en Chine, de systèmes de cliniques rurales et de médecine préventive pour les pauvres qui ont contribué à l'amélioration de la santé publique – et donc à la diminution de la mortalité. L'Inde n'a pas fait cela : c'est un pays démocratique capitaliste dans lequel on ne fait rien pour les plus pauvres. Et Sen fait remarquer que si l'on compare les courbes (je le cite), « l'Inde semble se débrouiller pour remplir ses placards, tous les huit ans, avec davantage de squelettes que la Chine ne l'a fait pendant ses quatre années honteuses [1958-1961] ». Cela donne un total de cent millions d'Indiens de 1947 à 1980 mais nous n'appelons pas cela un crime du capitalisme démocratique.

Nous pourrions appliquer de tels calculs au reste du monde... mais je préfère ne pas y penser.

Amartya Sen a raison : ces morts n'étaient pas « voulus » – pas davantage que les victimes de la famine chinoise. Mais si ce sont des crimes idéologiques et institutionnels, la démocratie capitaliste et ses défenseurs en sont autant responsables que les supporters du soi-disant communisme étaient responsables de leur grande famine. Nous n'en avons pas l'entière responsabilité mais certainement une bonne part.

Ainsi donc, si l'on fait le décompte des crimes, la liste est monstrueuse, mais nous ne comptons que ceux de l'ennemi tout en les déplorant douloureusement. Quant aux nôtres, même s'ils sont parfois bien pires, il n'entrent pas dans notre champ visuel. Ils ne sont pas étudiés. Personne n'y pense ; personne n'en parle ; on ne nous permet pas d'y penser.

Si nous acceptons cet état de choses, c'est que nous le voulons bien.

III

CONFÉRENCES ET CONVERSATIONS

« Pourquoi nous détestent-ils, alors que nous sommes si bons ? »

Extrait de « Peering into the Abyss of the Future [Coup d'œil sur les abîmes de l'avenir] » – la conférence donnée au bénéfice du *Peninsula Peace & Justice Center,* Rickey's Hyatt House, Palo Alto, Californie, le 22 mars 2002.

Après le 11 septembre 2001, une partie de la presse, y compris le *Wall Street Journal,* a fait ce qu'elle devait : une enquête sur l'opinion au Moyen-Orient afin de trouver la réponse à l'interrogation plaintive de George W. Bush : « Pourquoi nous détestent-ils alors que nous sommes si bons ? »

Avant de poser la question, le *Wall Street Journal* y avait déjà partiellement répondu en menant un sondage régional parmi les gens qui l'intéressent – ceux qu'il appelle les « Musulmans fortunés » : des financiers, des banquiers, des avocats d'affaires, des managers de multinationales américaines qui sont en plein dans le système américain et qui méprisent Oussama Ben Laden, naturellement, puisqu'ils sont ses principales cibles : il leur en veut et ils le haïssent.

Que pensent ces gens des États-Unis ? Il se trouve qu'ils sont radicalement opposés à la politique de Washington, celle-là même à laquelle ils participent – et surtout la politique économique internationale. Ce qu'ils refusent le plus, c'est que les États-Unis se soient toujours opposés à la démocratie et au développement indépendant au Moyen-Orient, tout en soutenant des régimes brutaux et corrompus. Ils sont nettement opposés au soutien unilatéral que Washington apporte à la brutale occupation militaire israélienne de la Palestine, qui entre dans sa trente-cinquième année. Ils sont également contre les sanctions américaines en Irak dont ils connaissent aussi bien que vous les effets dévastateurs sur la population et son rôle dans le renforcement de Saddam Hussein.

Ils gardent également en mémoire une autre chose que nous préférons oublier : les États-Unis et la Grande-Bretagne ont apporté leur appui à Saddam Hussein alors qu'il commettait ses pires atrocités, et ils ont continué à l'aider à se doter d'armes de destruction massive, sans rien faire pour l'empêcher de gazer « ses » Kurdes. Nous préférons mettre ces détails au placard. C'est pour ces raisons qu'ils disent détester les positions américaines tout en étant en plein dans le système.

Cette réponse à la question de George W. Bush n'est pas celle que vous lisez dans la presse, ni dans la plupart des revues intellectuelles qui expliquent de manière alambiquée que ces gens ont des « cultures inférieures », qu'ils sont les laissés-pour-compte de la mondialisation ou qu'ils détestent nos libertés et notre splendeur.

Tous les spécialistes des affaires du Moyen-Orient savent très bien qu'il n'y a là rien de neuf : de telles réponses existent aussi loin que l'on veut bien remonter dans le passé. L'un des avantages de vivre aux États-Unis, c'est qu'au fil du temps, ce pays est devenu très libre. Ce n'est pas un don des dieux mais le résultat de combats menés par le peuple, et cette liberté est originale par certains aspects : nous avons accès à davantage d'informations sur les dessous de la politique gouvernementale que dans n'importe quel autre pays et nous avons le droit de lire des tonnes de documents qui, une fois rendus publics, dévoilent comment cette politique a été conçue et conduite.

En l'occurrence, pour en savoir plus, il suffit d'étudier de près les archives de l'année 1958, année critique pour le Moyen-Orient. Cette année-là, un seul pays, l'Irak, a su s'affranchir du condominium anglo-américain régnant sur les ressources énergétiques mondiales. Un régime nationaliste conservateur l'avait déjà tenté en Iran mais un coup d'État militaire fomenté par Londres et Washington l'avait déposé.

L'émancipation réussie de l'Irak a suscité toutes sortes d'activités militaires un peu partout, au point qu'on a envisagé d'utiliser la force atomique. C'était une énorme affaire. Si l'on veut savoir ce qu'en pensaient les États-Unis, il faut mettre le nez dans les archives de l'époque : on entend le président Eisenhower dire à ses conseillers, lors d'une discussion interne (je cite) : « Il y a une campagne de haine contre nous » dans le monde arabe, « elle ne vient pas des gouvernements mais du peuple. » Une discussion s'ensuit et le Conseil de la sécurité nationale, la plus haute instance de décision, donne son avis : la raison en est que les peuples de la région ont l'impression que les États-Unis, à cause de leur volonté de contrôler le pétrole de la région, soutiennent des dictatures corrompues et bloquent toute forme de démocratisation et de développement.

Le CSN ajoute qu'il est difficile de contredire une telle vision parce qu'elle est exacte. (Non seulement elle l'est... mais elle devrait l'être !) Il explique que le soutien de Washington aux gouvernements de *statu quo* – c'est-à-dire ceux que je viens de décrire – est aussi normal que le contrôle américain des sources d'énergie de la région.

On retrouve là, mot pour mot, les raisons « découvertes » par le *Wall Street Journal* du 14 septembre 2002, comme si tout le monde les avait oubliées depuis 1958. S'il y a quelques différences aujourd'hui, comme les sanctions contre l'Irak, la ligne politique générale est inchangée. On assiste à la progression d'un profond ressentiment parmi les peuples qui ne voient aucune justification au fait que leurs richesses coulent vers l'Occident et dans les poches de leurs riches amis musulmans plutôt qu'en leur direction. Dans les commentaires américains, on peut lire qu'il s'agit là d'une sorte de mentalité culturellement rétrograde. La simple idée de ce scandale n'a pas encore pénétré dans la cervelle des Occidentaux, et l'on assiste à une recrudescence de la haine chez les Musulmans qui ne sont pas assez riches pour être complices du système américain.

Ainsi donc, il n'est guère difficile d'entendre certaines voix, hors du cocon, qui vous disent pourquoi de telles campagnes de haine font rage contre nous — aujourd'hui ou en 1958 — dans une vaste portion du monde où les gens n'apprécient guère de se laisser réduire en poussière sous une botte étrangère. C'est cela qui engendre la haine. On peut toujours se raconter des histoires mais c'est une question de choix. On n'y est pas obligé.

Une visite en Cisjordanie avec Azmi Bishara[*]

Extrait d'une allocution donnée au Hunter College de New York le 25 mai 2002 pour soutenir la défense juridique d'Azmi Bishara, Israélien arabe membre de la Knesset et ami de longue date de Noam Chomsky.

Nous sommes réunis ici ce soir à cause de la levée de l'immunité parlementaire d'Azmi Bishara et des accusations dont il devra répondre devant un tribunal : il y a tout d'abord sa déclaration selon laquelle le peuple libanais avait le droit de résister à

---

[*] Par une décision sans précédent, la Knesset a levé l'immunité parlementaire d'Azmi Bishara en novembre 2001, permettant ainsi son inculpation par le ministre israélien de la Justice pour deux délits : 1) une violation de l'Ordonnance sur la prévention du terrorisme concernant deux discours publics dans lesquels il affirmait le droit des habitants des territoires occupés à résister à l'occupation ; 2) une violation des règlements de 1948 sur la sécurité concernant les voyages à l'étranger : il s'agissait d'un projet humanitaire permettant à des Palestiniens âgés, citoyens d'Israël, de rendre visite à des parents réfugiés en Syrie.

l'occupation étrangère et de chasser l'armée des occupants hors de ses frontières ; ensuite son appel à soutenir l'actuelle *intifada* comme réponse à l'alternative de la soumission totale ou de la guerre ; et enfin ses efforts pour permettre des réunions familiales à travers les frontières.

La position d'Azmi en cette affaire est fort claire : il nous demande de ne pas y voir une simple affaire de liberté d'expression, bien qu'il s'agisse aussi de cela ; il nous demande de clamer haut et fort que ce qu'il a dit était juste : il ne s'agit donc pas seulement de son droit à l'exprimer mais de la justesse de ses paroles. Sa conviction sur ce point est totale. Il a ajouté que le problème n'était pas le contenu de ses paroles mais le fait qu'il en était l'auteur. La condamnation d'Azmi est une atteinte au droit des Arabes israéliens d'adopter une position politique indépendante. Cette conclusion s'appuie sur la réaction aux attaques physiques dont il a été la cible en octobre 2000 (sous le gouvernement de Ehoud Barak, dont faisait alors partie « le parti de la paix ») lorsque trois cents personnes ont attaqué sa maison. Azmi a été blessé par balles et treize Arabes israéliens ont été tués par une police qui jouit de la plus totale impunité. Le camp de la paix, qui inclut des intellectuels connus, est considéré – ici, du moins, sinon là-bas – comme la conscience d'Israël ; il a refusé de lui apporter son soutien.

Depuis ces événements, le président de la Knesset est resté coi. Aucune réaction. Comme l'a écrit Azmi, ceci a créé un fossé moral parmi ses quelques supporters israéliens et les Arabes palestiniens d'un côté, et ceux qui s'autoproclament le « camp de la paix » de l'autre. Je pense qu'il a également raison sur ce point.

Azmi a toujours fait preuve du plus grand respect pour la démocratie israélienne, unique dans la région, et pour les réalisations socioculturelles qui ont fait partie de ce qu'il appelle « la construction de la nation des Hébreux ». Mais cette démocratie est faite pour les Juifs israéliens. Les citoyens arabes d'Israël y sont tout au plus tolérés. Il est inutile de faire ici l'historique d'un problème qui va en s'aggravant.

J'aimerais ajouter quelques mots sur le voyage que j'ai fait en Cisjordanie en 1988. J'en parle aujourd'hui parce qu'il a un rapport avec Azmi et avec le cas qui nous préoccupe. J'ai déjà relaté ce voyage, d'abord dans la presse israélienne en hébreu, puis aux États-Unis. J'en ai publié des extraits dans la réédition de mon livre, *Fateful Triangle [Le Triangle fatidique]*, paru en 1999.

À l'époque, je n'avais pas dit qu'Azmi était mon compagnon. Je ne l'avais pas fait pour les raisons habituelles: on ne révèle pas l'identité des gens vulnérables dans les pays assujettis à une sévère répression. Mais je suppose que je peux le faire après toutes ces années et après ce qui vient de se passer.

J'ai rencontré Azmi pour la première fois à six heures du matin un jour d'avril 1988. C'était à une manifestation devant la prison Dahariya, celle qu'on appelait « l'abattoir », et qui était une étape avant la prison de Keziot, dans le Negev, l'horrible chambre de torture appelée aussi Ansar III. Ansar I était son sinistre homologue au Sud du Liban – ce qui était connu à l'époque, mais sa vraie nature n'a été révélée qu'après le retrait des forces israéliennes du pays. (Il y avait aussi Ansar II à Gaza.)

La ville toute proche était alors en état de siège. La manifestation était composée d'Israéliens et d'un certain nombre de visiteurs étrangers, membres d'un symposium académique auquel je participais. Après la manifestation, nous nous sommes entassés dans la voiture d'Azmi qui m'a conduit sur la rive gauche du Jourdain où nous avons passé le reste de la journée en commençant par Naplouse avant d'aller ensuite dans la vieille ville où nous avons parlé avec des activistes de la Casbah. Ceux qui la connaissent ne peuvent qu'en avoir des images douloureuses depuis ce qui s'y est passé récemment. On ne pouvait pas conduire une voiture dans ces ruelles, encore moins un tank.

Les rapports en provenance de Naplouse sont encore plus tristes que ce qu'on a dit de Djénine et de ses destructions de grande ampleur, avec tous les morts et les horreurs habituelles que vous avez vues dans les médias. Dans le cas de Naplouse, en plus de ce qu'a subi la population, il s'agit de la destruction de trésors historiques remontant à la période romaine.

En 1988, après Naplouse, on a traversé d'autres villages de Cisjordanie. Un grand nombre avaient subi des attaques. On a dû fuir certains d'entre eux à cause de l'arrivée des troupes israéliennes et parce que les habitants préféraient nous voir partir, de peur de représailles possibles au cas où l'armée trouverait des étrangers. Ils avaient déjà eu de graves ennuis de ce genre dans le passé.

Le plus tragique de tous ces villages était Beita, devenu célèbre pour ce qui venait de s'y dérouler quelques jours plus tôt. C'est un bourg traditionnel niché dans les collines, pas très loin de Ramallah. Bien des gens ignoraient son existence mais il avait dû être pittoresque avec ses maisons très anciennes.

Juste après la première *intifada*, Beita s'était déclaré village libéré, ce qui avait provoqué un raid de l'armée d'occupation israélienne. Quand nous y somme arrivés, Beita était assiégé mais il y avait moyen de l'atteindre par des chemins détournés, grâce aux avocats de *Al-Haq* [Le Droit au service de l'homme] de Ramallah, en grimpant par les collines avec l'aide des villageois voisins. Nous y sommes restés quelque temps avant d'en sortir au plus vite pour le couvre-feu de 19 heures. Il était périlleux de s'y attarder.

Comme certains d'entre vous se souviennent, Beita avait été attaqué et partiellement détruit par les forces israéliennes. La raison (comme celle de l'état de siège) en était qu'un groupe de marcheurs israéliens venus d'une colonie de peuplement, Elon Moreh, avaient pénétré dans les champs autour de Beita. Ils étaient entraînés par un homme du nom de Romam Aldubi, un extrémiste criminel – en fait, le seul Juif à qui les autorités militaires aient interdit l'entrée des secteurs arabes. Ces marcheurs ont trouvé un berger et l'ont tué. Ils sont entrés dans le village où ils ont tué deux autres personnes. La mère d'une des victimes a lancé une pierre sur Aldubi qui a tiré et tué une jeune Israélienne, Tirza Porat, qui faisait partie du groupe. Cela a entraîné une réaction hystérique en Israël et certains ont exigé la destruction du village et l'expulsion de sa population. *Tsahal* savait exactement ce qui s'était passé et l'a fait savoir mais, pour une raison inconnue (peut-être pour empêcher des réactions encore plus graves de la part des colons), l'armée est entrée dans Beita et a tout saccagé.

L'histoire officielle dit qu'après avoir donné à la population le temps de fuir, les soldats avaient détruit quinze maisons. C'est un mensonge éhonté. D'après ce que nous avons pu voir, plus du double étaient en ruines et, à l'évidence, personne n'avait eu le temps de partir. Des habitants fouillaient les ruines pour retrouver leurs possessions, etc. Certains, comme la mère et la sœur enceinte de l'un des hommes assassinés, étaient en prison. Tout le monde savait qu'Aldubi était le tueur des deux Palestiniens et de la jeune Israélienne mais à son procès, les autorités ont décidé que ces événements tragiques lui avaient servi de leçon et il n'a jamais été puni. Seuls les habitants du village ont été châtiés.

Tout ceci est typique de nombreuses situations que l'on voit encore aujourd'hui. Il se trouve qu'à l'époque, en cet avril pluvieux, il faisait très froid, si bien que les habitants sinistrés étaient soumis aux intempéries, vivant et essayant de faire la cuisine dehors, etc. C'était lamentablement triste et laid mais leur comportement m'a surpris : aucune résignation de leur part ; ils étaient calmes et résolus. Nous leur avons demandé s'ils accepteraient l'assistance de certains Juifs israéliens pour reconstruire leurs maisons et ils ont répondu que si cette aide était honnête, ils l'accueilleraient avec joie ; mais si elle était donnée pour créer une image de ce qu'on appelle « la belle Israël »*, un terme qui est utilisé en hébreu en Israël pour désigner avec mépris une attitude honteuse bien connue, ils n'en voulaient pas. Je n'ai remarqué aucun appel à la vengeance ou à des représailles ; rien qu'une détermination calme et une volonté de survivre.

J'ai vu la même chose à Ramallah quelques jours plus tard, le même état de siège, le même accès par des chemins détournés. Quand j'y suis arrivé avec un Israélien et un ami arabe, la ville était étrangement silencieuse. Nous l'avons traversée pour nous rendre à l'hôpital : pas de personnel, de médecins,

---

* En hébreu : « Israel hayafa ». Chomsky donne l'expression « beautiful Israel ». Son interlocuteur palestinien se méfie de la récupération possible de cette aide par la propagande israélienne. *(N.d.T.)*

d'infirmières ni d'aides soignants, mais une foule de patients. On nous a appris qu'il y avait eu un incident à l'extérieur, avec une présence militaire importante, et que le personnel médical avait reçu l'ordre de rester éloigné. Les lits étaient tous occupés et comme dans tous les hôpitaux, il y avait des patients avec des intraveineuses et tout cela. Ces enfants et ces adultes, qui avaient souffert d'atrocités pendant la répression de l'*intifada,* nous ont décrit ce qui leur était arrivé. Il régnait, là encore, le même calme résolu sans aucune expression revancharde.

Tout ceci révèle un fait remarquable à propos d'une occupation vieille de trente-quatre ans, brutale et répressive depuis le début, qui a causé le pillage des terres et des ressources : aucune opération de représailles n'est venue des territoires occupés. Il y en a eu en provenance de l'extérieur, y compris des atrocités égales à une fraction de celles d'Israël. (Je dis Israël mais j'entends les États-Unis et Israël puisque l'État hébreu agit dans les limites assignées et autorisées par Washington. Il s'agit donc pour moi d'atrocités américano-israéliennes.)

C'est pour cela que les événements de l'année dernière ont été un tel choc, lorsque les États-Unis et Israël ont soudain perdu le monopole de la violence. Le 11 septembre, il s'est passé la même chose à l'échelle mondiale. Le 11 septembre, une abominable atrocité a eu lieu, mais de nombreux cas similaires avaient déjà fait parler d'eux ailleurs.

Les préjugés médiatiques et la Palestine

Extrait d'une discussion de groupe après l'intervention de Noam Chomsky à Palo Alto, Californie, le 22 mars 2002.

QUESTION : Ne craignez-vous pas que CNN et MSNBC deviennent les haut-parleurs de l'armée américaine ?

NOAM CHOMSKY : Moins que par le passé ; et ils ne le « deviendront » pas : ils l'ont toujours été – mais ce sera moins visible qu'avant. Prenez *MSNBC* : depuis le 11 septembre, les médias – du moins les médias commerciaux privés, je ne parle pas de [chaînes publiques comme] *NPR* ou de *PBS* – se sont légèrement ouverts.

J'espère que vous avez raison mais je reste un peu sur mes gardes.

Et il le faut : on assiste à une concentration des médias mais il y a d'autres pressions plus importantes à mon sens.

Pourquoi ? Par quels mécanismes le gouvernement influence-t-il les médias ?

Il ne les influence pas. Le gouvernement n'a presque pas d'influence sur eux.

Alors, par quels mécanismes cela se fait-il ?

C'est comme si vous demandiez comment fait le gouvernement pour convaincre *General Motors* d'augmenter ses bénéfices. Ça n'a pas de sens. Les médias sont d'énormes sociétés qui ont les mêmes intérêts que le monde du grand business qui domine le gouvernement. Le gouvernement ne peut pas dire aux médias ce qu'ils doivent faire et de ce point de vue, les États-Unis sont exceptionnellement libres. En Angleterre, le gouvernement peut faire une descente à la *BBC* et les empêcher de fonctionner. Ici, c'est impossible. On a une sorte de liberté que n'ont pas les Anglais. Si les médias américains font quelque chose, c'est qu'ils le veulent bien !

Mais alors, qu'est-ce qui empêche que des événements comme le Timor oriental soient couverts ? Et pourquoi n'y a-t-il pas davantage de journalistes dis-

sidents ? Est-ce parce que le public ne les entendrait pas, ou que ça ne leur rapporterait pas d'argent ?

Pourquoi les multinationales auraient-elles intérêt à se vanter d'avoir participé à un génocide ?

Pas elles... C'est le gouvernement américain.

Elles font partie du système du gouvernement, avec les mêmes intérêts dans l'exploitation des ressources de l'Indonésie et la participation aux pouvoirs qui dominent la région. Ce sont les mêmes intérêts que ceux de Washington. Pourquoi les dénonceraient-elles ? Pourquoi iraient-elles se vanter d'être partiellement responsables du massacre de centaines de milliers de gens ? – Pour les mêmes raisons qu'elles ne disent rien sur la Turquie depuis quelques années. Ce n'est pas dans leur intérêt.

Prenons un exemple simple : l'*intifada* actuelle dans les territoires occupés a commencé le 29 septembre 2000. Le 1er octobre, des hélicoptères israéliens de fabrication américaine se sont attaqués à des cibles civiles, des immeubles d'habitation, etc., et ils ont fait en deux jours des douzaines de tués et de blessés. Il n'y avait pas de tirs palestiniens ; rien que des enfants qui jetaient des pierres. Le 3 octobre, Bill Clinton a signé le plus gros contrat de livraison d'hélicoptères de combat à l'État d'Israël qui n'en fabrique pas. Les médias ont refusé d'en parler et aucune information n'a été publiée à ce jour. C'était une décision des rédactions.

Il se trouve que je connais quelques membres de celle du *Boston Globe*. J'habite cette ville depuis plus de quarante-cinq ans. Je suis allé leur parler, avec un groupe de gens, et ils ont clairement répondu qu'ils n'en parleraient pas. La même décision a été prise par tous les autres journaux américains. Quelqu'un a fait une recherche sur ordinateur et a trouvé une seule référence à ce contrat dans un courrier des lecteurs à Raleigh, en Caroline du Nord.

Est-ce que le gouvernement leur a donné des directives ? La réponse est « non ». D'ailleurs, en ce cas, l'indignation les aurait peut-être incités à publier l'information. Mais ils ont compris que ce n'était pas dans leur intérêt de dire qu'aussitôt qu'une base militaire américaine – et c'est ce qu'Israël a choisi d'être, en grande partie – utilise nos hélicoptères de combat pour assassiner des civils, on leur en envoie d'autres ! Ce n'est pas dans l'intérêt des salles de rédaction de le claironner et ils ne le font pas. Cet exemple précis et limité peut être généralisé.

Pourquoi avez-vous dit que les États-Unis s'efforçaient de bloquer la paix au Moyen-Orient alors que Clinton semblait vouloir faire progresser le processus ?

Il voulait le faire « progresser » au niveau de ce que faisait l'Afrique du Sud il y a quarante ans.

Quelle en est la raison ?

C'est qu'Israël est une place forte, une base militaire américaine. C'est un des États, comme la Turquie, qui contrôle militairement le Moyen-Orient dans l'intérêt des États-Unis. Les Palestiniens n'ont rien à offrir. Ils n'ont ni pouvoir, ni richesse, et donc pas de droits.

N'est-il pas préférable d'avoir la paix ?

Tout dépend de quelle sorte de paix il s'agit. Il est possible que Washington accepte ce que l'Afrique du Sud a accepté il y a quarante ans en créant des États noirs – les régions autonomes bantoues *(Bantoustans)*. Il est donc concevable que les États-Unis se hissent, un jour ou l'autre, au niveau de l'Afrique du Sud aux pires moments de l'apartheid pour tolérer une sorte de Bantoustan palestinien dans les territoires occupés. Je n'en serais pas tellement surpris, et je pense même que, de leur point de vue, ce serait assez habile.

Est-ce que cela a un sens ?

Pas vraiment. Ça ressemble un peu à l'idée de l'État bantou du Transkei. Mais accepteront-ils un État vraiment indépendant ? Probablement pas, à cause des interférences qu'il pourrait créer. Israël est une base américaine *offshore* que les États-Unis laisseraient tomber avec tout le reste si cela devait cesser un jour. Mais tant que l'État hébreu est utile à l'extension de la puissance américaine, il peut faire ce qu'il veut.

Ce qui veut dire que ce que faisait Clinton était truqué ?

Non. Mais avez-vous jamais vu une carte de son projet ? La presse américaine n'en a montré aucune et il y a une bonne raison à cela. Elle vous ferait immédiatement comprendre ce qui se passe. Le plan Clinton était de couper la Cisjordanie en quatre cantons bien distincts les uns des autres. L'un d'entre eux, Jérusalem Est, est le centre de la vie palestinienne mais il est séparé des trois autres, qui sont séparés de la bande de Gaza, elle-même découpée en quatre cantons. Ça n'arrivait même pas au niveau des *Bantoustans* sud-africains – d'où l'absence de carte.

Comment Israël sert-il les intérêts américains ?

C'est une longue histoire mais je reviens à 1958 : les services de renseignements américains ont dit à l'époque que soutenir Israël comme base d'appui américaine était le « corollaire logique » de l'opposition de Washington au nationalisme arabe, parce qu'Israël (comme la Turquie et l'Iran du Shah) pourrait contrôler et réprimer les forces indépendantes dans les pays arabes. Mais les États-Unis n'en ont rien fait à ce moment-là. En 1967, Israël nous a rendu un fier service en écrasant le nationalisme arabe de Nasser, qui était alors au cœur du mouvement séculier menaçant directement le pouvoir de « l'élite » d'Arabie Saoudite. C'est à cette époque que l'alliance avec Washington s'est raffermie et qu'Israël est devenu le chouchou des intellectuels « libéraux » américains qui, jusque-là, n'en avaient cure.

Les choses n'ont-elles pas changé depuis ?

Si, elles ont empiré en 1970, pendant l'épisode de « Septembre noir ». Rappelez-vous qu'on a cru un moment que la Syrie allait intervenir pour protéger les Palestiniens qui se faisaient massacrer en Jordanie. Le gouvernement américain n'y était pas favorable mais il se trouvait empêtré dans un Cambodge en décomposition sans pouvoir envoyer de troupes. Il a demandé à Israël de mobiliser son aviation – c'est-à-dire la force d'appoint de l'*U.S. Air Force* – pour empêcher la Syrie de bouger. La Syrie a reculé, les Palestiniens ont été massacrés, et l'aide américaine à Israël a quadruplé pour se poursuivre jusqu'en 1979, quand le Shah d'Iran, l'un des principaux piliers de la puissance américaine, s'est fait renverser. Le rôle d'Israël est alors devenu primordial et il l'est toujours.

Le plus grand journal égyptien a récemment publié un long article intitulé « L'Axe du Mal » : les États-Unis, Israël et la Turquie – un axe dirigé contre les États arabes, une alliance qui organise des manœuvres militaires conjointes depuis des années. Israël en est la base la plus forte et la plus sûre, si intégrée aujourd'hui à l'économie américaine qu'elle en est inséparable.

Israël représente une valeur sûre alors que les Palestiniens ne comptent pas plus pour Washington que le peuple rwandais.

Ne pensez-vous pas qu'Israël est en train de gâcher les relations de Washington avec certains États arabes qui seraient assez proches des États-Unis ?

C'est exactement pour cette raison que Washington a très poliment ordonné à Ariel Sharon de retirer ses tanks et ses soldats des villes palestiniennes parce qu'ils gênaient la mission de Dick Cheney. Le maître parle, le serviteur obéit : dans la minute, ils ont reculé. Mais n'oubliez pas qu'à un certain niveau, les chefs d'États arabes sont pro-israéliens parce qu'ils ont compris que l'État hébreu faisait partie d'un système qui les protège… de leurs propres peuples.

Et ils aimeraient avoir une excuse pour mieux soutenir la politique américaine, si seulement Israël les laissait faire.

Ils voudraient bien qu'Israël baisse le ton et cesse de tuer autant de gens. En fin de compte, dans cette région, tout tourne autour de la question du pétrole.

Comment risposter ?

Les discussions suivantes concernent les tactiques de résistance. Elles sont tirées des questions posées à Noam Chomsky après la conférence de Palo Alto et de celle du 21 mars 2002 au *Berkeley Community Theater*, au bénéfice de la *Middle Eastern Children Alliance*.

QUESTION : Ma question concerne Haïti : j'ai entendu cet été un discours du général Romeo Dallaire, chargé de la mission de l'ONU au Rwanda, qui disait à quel point il était frustré de voir se dérouler le génocide tout autour de lui quand personne ne semblait s'en soucier, et sans que les grandes puissances n'interviennent. Il en concluait qu'un monde qui laisse faire de telles horreurs est raciste. Partagez-vous cette constatation pessimiste et la trouvez-vous justifiée ?

NOAM CHOMSKY : Tout d'abord, je ne pense pas que ce qui est arrivé ait été particulièrement « raciste ». Ce n'était pas l'essentiel. Rappelez-vous que Dallaire parlait du Rwanda de 1994 mais que ces horreurs avaient cours au Burundi et au

Rwanda depuis des années. Edward Herman et moi avons écrit un livre il y a plus de vingt-trois ans dans lequel nous parlions déjà des atroces conflits entre les Hutus et les Tutsis dans ces deux pays et des centaines de milliers de victimes. Personne ne s'en souciait guère à l'époque et les choses n'ont guère changé. De la même manière, plusieurs millions de personnes ont probablement été tuées au Congo mais cela n'a guère d'importance puisque les intérêts occidentaux ne sont pas menacés.

La couleur de peau ou la religion n'y changent rien. Ce qui importe c'est le principe : est-ce que cela menace les intérêts américains ? Si vous prenez le cas des Kurdes, ce sont des aryens, si peu basanés qu'on ne les remarquerait pas dans nos rues. Mais s'ils sont massacrés, qui s'en soucie ? Dallaire parle de quelque chose de malheureux : notre refus d'intervenir pour stopper les atrocités ; et il y a pire, bien pire : notre *participation* à ces atrocités. Les choses auraient été encore plus effroyables si, non contents de ne pas intervenir pour les séparer, nous avions continué d'armer les assassins alors qu'ils commettaient leurs crimes.

J'aimerais être prudent : la déclaration de Dallaire est correcte et l'on peut l'accepter. De la même manière, dans un article de la *New York Review of Books* de cette semaine, Samantha Power* examine

---

* Samantha Power est directrice du *Carr Center for Human Rights* de la Kennedy School of Government à l'université de Harvard.

comment nous avons tragiquement failli en ignorant et en laissant faire les atrocités commises par d'autres. Ceci montre que nous avons un problème. Mais il y en a un autre, immensément plus lourd, qui n'est pas mentionné dans l'article parce qu'il serait inintelligible : c'est que nous sommes attentifs aux atrocités quand nous intervenons pour les amplifier et même pour les applaudir. Le cas de la Turquie en est un bon exemple mais il ne risque pas de susciter un article. Un tel texte ne pourrait pas être publié et en supposant qu'il le soit, personne – aucune personne éduquée – ne le comprendrait. Voilà ce qui est important.

S'il est déjà regrettable de ne pas voir les crimes commis par d'autres et de ne rien faire pour les stopper, il importe bien plus de se regarder dans le miroir, de voir ce qu'on fait et de chercher à y remédier. Je suis d'accord avec Dallaire : c'est un problème, mais il est minime en termes de responsabilité morale ou sur le plan des conséquences humaines.

Vous avez dit qu'en tant que citoyens, ce n'est pas au pouvoir que nous devons la vérité mais au peuple. N'est-ce pas les deux ?

C'est une référence à la seule chose sur laquelle je diffère de mes amis quakers : autant je suis avec eux pour toutes les activités pratiques, autant je ne partage pas leur opinion sur la nécessité de dire toute la vérité au pouvoir. D'abord, le pouvoir la connaît toujours; ensuite, c'est une perte de temps; enfin, ce n'est pas le bon interlocuteur. On doit la vérité au peuple qui contrôlera, démantèlera ou abattra le pouvoir. En outre, je n'aime pas trop la phrase « dire *la* vérité » parce que nous ne la connaissons pas. Du moins, pas moi.

Nous devons nous joindre à ceux qui sont prêts à se consacrer à la destruction du pouvoir et à les écouter. Ils en savent souvent plus que nous. Il faut les aider à poursuivre leurs activités justes et nécessaires. Je ne vois pas grand-chose à gagner en disant à l'entourage de Bush ce qu'il sait déjà.

J'ai pensé ne pas payer mes impôts pour protester contre l'utilisation de mes dollars pour les actions militaires par le gouvernement. Qu'en pensez-vous?

J'ai déjà dit que je ne faisais pas trop confiance à mon propre jugement tactique: en 1965, j'avais essayé d'organiser, avec quelques amis, un mouvement de résistance à l'impôt. Je ne peux pas dire que cela ait été une grande réussite mais certains d'entre nous n'ont pas payé d'impôts pendant quelques années – une dizaine en ce qui me concerne. Je ne sais pas si une telle action a été efficace, je suis mauvais juge, mais je sais ce qui est arrivé à d'autres. Le gouvernement semblait répondre au hasard: dans certains cas, il vous tombait dessus et je connais des gens qui ont perdu leurs maisons et tous leurs biens. Pour moi, ça s'est limité à l'envoi de lettres passionnées à la direction des impôts et lues par des ordinateurs qui m'ont adressé des formulaires... Mais il n'y a pas moyen, dans une situation comme la mienne, de ne pas payer d'impôts : le système peut aller directement à la source de mes revenus, et c'est ce qu'il a fait – avec une amende à la clef – et rien de plus. Mais je répète, ça s'est moins bien passé pour d'autres. Il s'agit de difficiles décisions tactiques, et comme nous n'avons pas su organiser un mouvement efficace de résistance massive à l'impôt, je ne sais ni ce que pourraient en être les véritables effets – ni pourquoi vous devriez vous fier à mon expérience !

Je voudrais vous remercier d'avoir bien voulu partager avec nous vos lumières sur les nombreux actes criminels qui ont été commis au nom de notre pays. Comme il semble y avoir ici ce soir un certain nombre de gens décidés à passer à l'action, un des moyens d'agir pourrait être de désinvestir les fonds placés dans les entreprises qui soutiennent la prolifération des armes et sont responsables de tensions ethniques et d'atrocités. Je voulais savoir si ce sujet avait été envisagé.

Il l'a été et devrait l'être, certainement. C'est une autre question tactique, ce qui ne veut pas dire qu'elle soit mineure : les questions tactiques ont des conséquences humaines. Mais il faut calculer les implications d'une telle action dans les circonstances actuelles : Qui atteindrez-vous ? Comment cela sera-t-il compris ? Ce mouvement s'étendra-t-il à d'autres choses. Etc.

Des campagnes de ce type ont déjà eu lieu – et réussi dans le passé. Dans le cas de l'Afrique du Sud, elles ont eu un effet sur la politique américaine. Il faut se rappeler ce qu'était la situation lorsqu'on la cachait sous le tapis : en 1988 – ce n'est pas si loin – l'*African National Congress* de Nelson Mandela est officiellement désigné comme organisation terroriste – l'une des plus « notoires », d'après le *Département d'État*. La même année, l'Afrique du Sud devient notre allié premier choix. Rien que dans les années Reagan, ce pays a tué un million et demi de gens dans les pays limitrophes et causé des dégâts de soixante milliards de dollars avec l'appui des Anglo-Américains.

En 1987, les Nations unies avaient voté une importante résolution condamnant le terrorisme sous toutes ses formes et appelé tous les pays membres à conjuguer leurs efforts pour éradiquer cette peste. Un pays s'est abstenu, le Honduras, et deux ont voté contre : les États-Unis et Israël. Quand les États-Unis votent contre une résolution comme celle-ci, elle disparaît des médias et de l'Histoire. Les deux opposants se sont expliqués : un paragraphe de la résolution disait ceci : « Rien dans la présente résolution ne peut entraver le droit à l'autodétermination, à la liberté et à l'indépendance des peuples privés de ces droits par la force [...] et en particulier des peuples assujettis à des régimes coloniaux ou racistes et à l'occupation étrangère, ni leur droit de combattre à ces fins et de recevoir des appuis. » Les États-Unis et Israël se devaient de voter contre parce qu'ils avaient compris que « régime colonial et raciste » visait leur allié, l'Afrique du Sud, comme « l'occupation étrangère » visait Gaza et la Cisjordanie – une occupation maintenue à l'époque par l'intervention américaine unilatérale – comme aujourd'hui.

Cela va faire plus de trente ans que Washington bloque une solution diplomatique à l'occupation israélienne grâce à ce qu'on appelle « le processus de paix » – qui ne fait que représenter ce que font les États-Unis pour empêcher une résolution politique de la question. Mais quelques années après 1988, les États-Unis ont été forcés de changer de position sur l'Afrique du Sud par des actions populaires de désinvestissement dont les effets ont été surtout symboliques pour dévaloriser la politique américaine. Il y avait, en principe, un embargo mais les échanges commerciaux entre les États-Unis et l'Afrique du Sud ont augmenté. C'est la pression populaire qui a permis un changement de politique. Dans le cas d'Israël, rien n'a encore eu d'influence mais rien n'est définitif. Il existe des propositions de campagnes de désinvestissement concernant l'aide américaine à Israël et les livraisons d'armes.

Dès qu'on parle de production d'armements, il faut bien comprendre qu'il s'agit de toutes les industries de haute technologie. Il est impossible de séparer les militaires des autres et si l'on examine les dépenses gouvernementales, on s'aperçoit que les dépenses basées sur la biologie ont rapidement augmenté depuis quelques années et qu'il y a pour cela d'excellentes raisons : chaque sénateur, chaque membre du Congrès, aussi conservateur extrémiste soit-il, sait que l'économie marche bien lorsqu'il existe un secteur d'État dynamique dont les risques et les coûts sont financés par les fonds publics. Si quelque chose en sort, c'est pour tomber dans les poches profondes des entreprises privées. C'est ce qu'on appelle la « libre entreprise » dans les cours d'économie ! À l'avant-garde de l'économie de l'avenir, on trouvera sûrement les industries biologiques, biotechniques et génétiques. Il faut donc aujourd'hui que beaucoup d'argent soit investi dans la biologie et ses applications, sous prétexte de lutter contre le terrorisme.

On n'imagine pas ce qui se fait sous ce prétexte : les États-Unis viennent de détruire six années d'efforts internationaux pour mettre sur pied une procédure de vérification dans le cadre d'un traité antibioterroriste. Le gouvernement Clinton s'y est opposé parce que les intérêts américains n'étaient pas protégés, c'est-à-dire ceux des laboratoires pharmaceutiques et des sociétés biotechniques dont les activités auraient pu tomber sous le coup d'une telle vérification.

Si Clinton était contre cette procédure, Bush l'a liquidée sans autre forme de procès pour les mêmes raisons et quelques autres : il se trouve que les États-Unis sont en train de violer par différents moyens les traités qui existent déjà contre le bioterrorisme. L'un d'eux concerne le génie génétique : il semble y avoir un effort pour fabriquer génétiquement des souches de charbon résistantes aux vaccins. Il s'agit d'un véritable scénario catastrophe chez les microbiologistes. On a toujours cru que la création de souches capables de résister aux traitements et aux vaccins était bannie mais les États-Unis semblent s'être lancés dans des projets de cette nature – sous prétexte de lutter contre des attaques bioterroristes.

Ce qui continuera, c'est le développement de la science et de la technologie qui permettront aux bio-industries du futur d'être dominées par les États-Unis. Quand on parle de s'opposer aux producteurs d'armements, on se trouve donc en face d'une très vaste catégorie.

On pourrait choisir certaines entreprises, quatre ou cinq, dans chaque secteur de pointe.

En effet. Ce sont des actions symboliques, ce qui ne veut pas dire qu'elles soient insignifiantes. Elles peuvent avoir une importance comme moyens pédagogiques et organisationnels. Il ne s'agit pas d'avoir l'illusion qu'on va fermer des usines d'armement, naturellement : ce serait la fermeture de l'économie. Mais c'est un effort important, comme dans le cas de l'Afrique du Sud, dont les effets peuvent être surprenants : en quelques années, la politique américaine en Afrique du Sud avait changé.

Les États-Unis et le monde

Extraits d'une séance de questions-réponses sponsorisée par les « Étudiants pour la Justice en Palestine » à l'Université de Berkeley, Californie, le 19 mars 2002.

QUESTION : Comment expliquez-vous que les États-Unis aient récemment changé de politique en faveur de la Palestine avec la création envisagée d'un État palestinien ?

NOAM CHOMSKY : De la même façon que j'explique le changement de politique américaine qui consiste à démanteler le système militaire actuel pour le transférer dans les mains de la principauté d'Andorre : comme il ne s'est rien passé, il n'y a rien à expliquer. Il n'y a eu aucun « changement de politique ». Tout ceci est de la poudre aux yeux. Ce qui s'est passé, c'est que Dick Cheney s'est promené partout au Moyen-Orient pour essayer de trouver un soutien pour la guerre qui se prépare contre l'Irak, et il a eu du mal parce que personne n'en veut : presque tout le monde la trouve détestable. Il a eu un problème avec les tanks israéliens qui patrouillaient à Ramallah.

Souvenez-vous qu'en lisant « tanks et hélicoptères israéliens », vous devez traduire « hélicoptères, tanks et avions américains envoyés à Israël » avec la certitude qu'ils seront utilisés. Les avions ont des pilotes israéliens et il en va de même pour les chars qui sont subventionnés par les États-Unis et pour les hélicoptères qui y sont fabriqués. Ce sont en fait des forces américaines dont Israël est actuellement la base *offshore* et dont les actions sont autorisées et encouragées par Washington. Si les Israéliens dépassent d'un pouce ce qu'exigent les États-Unis, Washington n'a qu'à dire : « Assez ! » et ils s'arrêtent. On l'a vu il y a quelques jours quand la douce voix de l'Amérique a murmuré : « Sortez les tanks et les soldats des villes palestiniennes parce ça fiche en l'air la mission de Dick Cheney ! » et ils ont fait marche arrière. Instantanément. C'est comme ça que fonctionne la mafia : le *parrain* donne les ordres et les types d'en dessous se tiennent à carreau.

C'est déjà arrivé maintes et maintes fois. Et quand on parle d'atrocités israéliennes ou d'atrocités turques, on devrait dire « atrocités américaines » parce que c'est de là qu'elles proviennent. Comme en Colombie.

Par conséquent, le « changement de politique » en Palestine n'est que la suspension provisoire des pires atrocités, le temps d'une visite officielle. On a fait beaucoup de bruit autour du fait que Washington avait sponsorisé, pour la première fois en vingt-cinq ans, une résolution sur Israël au Conseil de sécurité de l'ONU, mais on n'a guère prêté attention à son contenu. Elle stipule que le monde envisag deux États dans cette région, Israël et un quelconque État palestinien – quelque part dans le désert d'Arabie Saoudite – et que c'est une vision d'avenir. Cela signifie que cette résolution est en deçà de ce que proposait l'Afrique du Sud au début des années soixante, aux pires moments de l'*apartheid*. (Elle n'avait pas qu'une simple « vision » d'États noirs : elle les a établis et subventionnés en espérant qu'ils se développeraient suffisamment pour que le monde les reconnaisse.) Et nous devrions être ravis et chanter « hosanna » pour ce que nos dirigeants nous offrent aujourd'hui ? Il est vrai que nous sommes des gens bien élevés.

En réalité, les États-Unis viennent de torpiller une solution diplomatique en s'opposant unilatéralement à tout accord, comme ils le font depuis vingt-cinq ans. Président après président, on assiste au même blocage du consensus international et Washington refuse en outre la mise en place des mesures les plus élémentaires qui réduiraient le niveau de violence.

Quels sont les objectifs des États-Unis en ce qui concerne la sélection et la préservation du nouveau gouvernement d'Afghanistan ? (Question de l'Association des étudiants afghans.)

Comme toutes les questions concernant ce que vont faire les États-Unis, c'est à nous de décider. Le nouveau gouvernement de Kaboul, comme l'Association des étudiants afghans doit le savoir, a été choisi par Washington. C'est peut-être le bon choix – ou peut-être pas. Mais Hamid Karzaï, le candidat des Américains, a été imposé *de facto*, que cela plaise aux autres ou non.

À mon avis, les États-Unis et la Russie devraient aller plus loin : aider l'Afghanistan et lui verser des compensations. Comme ces deux pays ont détruit et dévasté l'Afghanistan pendant vingt ans, cela mérite bien plus qu'une aide : des dommages de guerre. Il faut aussi juger ceux qui sont responsables de ces crimes. À la limite, on peut espérer que Washington et Moscou feront quelque chose pour réparer les dégâts qu'ils ont laissés derrière eux. Malheureusement, ils le feront pour leurs propres raisons cyniques. Si nous ne faisons pas pression sur nos gouvernants, il ne se passera rien. Certains milieux américains pensent même qu'on ne devrait rien faire du tout. Un éditorial de la principale revue du libéralisme américain, *New Republic,* dit que les États-Unis devraient simplement écraser l'Afghanistan et surmonter cette obsession de « bâtisseurs de nations » qui est la nôtre. (5 novembre 2001.)

Une fois le problème afghan réglé, nous laisserons donc ce pays en ruines avant d'aller voir ailleurs. C'est le choix des intellectuels « libéraux ». D'autres ne descendent pas si bas et pensent qu'on devrait faire quelque chose. Mais quoi ? Avec tant de questions, tout dépend des pressions internes. Rien de tout cela n'est gravé dans le marbre : ce sera en fonction des actions des citoyens.

Ne pensez-vous pas que vous avez tendance à tout simplifier, comme si les États-Unis agissaient partout comme « l'Empire du Mal » ? (Question d'un «professeur invité» hongrois.)

Est-ce que je simplifie les choses en disant que les États-Unis se conduisent partout comme « l'Empire du Mal » ? Oui, en effet, c'est une simplification. C'est pourquoi j'avance aussi l'idée que les États-Unis se conduisent comme n'importe quelle autre puissance. Il se trouve qu'ils sont plus forts – et donc, comme on peut s'y attendre, plus violents. Mais il est vrai que tout le monde agit ainsi : quand les Britanniques régnaient sur le monde, ils faisaient la même chose.

Prenons les Kurdes. Que faisait l'Angleterre avec les Kurdes ? Voici une petite leçon d'histoire qu'on n'enseigne pas dans les écoles du Royaume-Uni mais que nous connaissons aujourd'hui grâce à des documents secrets qui ont été rendus publics.

Avant de sortir affaiblie de la Première Guerre mondiale, l'Angleterre avait dominé le monde. Si l'on consulte les documents, les Britanniques se sont demandé après la guerre comment ils allaient pouvoir continuer de régner sur l'Asie sans avoir les forces militaires suffisantes pour l'occuper. Ils ont suggéré de se tourner vers le ciel.

Les forces aériennes étaient une nouveauté à la fin de la Grande Guerre. Ils ont eu l'idée de s'en servir pour attaquer les civils : il y avait là un moyen bon marché d'écraser les barbares. Winston Churchill, ministre des Colonies, a pensé que c'était insuffisant. Un document émanant du Bureau de la *Royal Air Force* du Caire lui a demandé la permission d'utiliser, je cite, « les gaz empoisonnés contre les Arabes récalcitrants ». (Ces *récalcitrants* étaient en fait des Kurdes, des Afghans et non des Arabes, mais vous savez que selon les normes racistes, tout individu qu'on veut tuer est un Arabe.) La question était la suivante : doit-on employer les gaz ? La scène se passe juste après 1918 quand les gaz de combat ont été l'atrocité ultime : on ne pouvait rien imaginer de plus terrible.

Ce document a circulé à travers l'Empire britannique. Le Bureau indien était contre : il disait que si les gaz étaient utilisés contre les Kurdes et les Afghans, cela créerait des problèmes en Inde – où il y en avait déjà bien assez. Il y aurait lieu de craindre des révoltes de gens en colère – des choses comme ça. C'est un Churchill furieux qui a rétorqué : « Je ne comprends pas ces hésitations à propos de l'emploi des gaz. (...) Je suis favorable à leur utilisation contre les tribus non civilisées. Il n'est pas nécessaire d'utiliser les plus mortels ; des gaz qui causent une gêne suffisante pour semer la terreur, sans avoir d'effets à long terme sur la plupart des sujets atteints, seraient suffisants... Nous ne pouvons en aucun cas nous priver d'une arme nous permettant de mettre un terme rapide aux désordres de la frontière. Elle sauvera des vies britanniques. Nous utiliserons tous les moyens que nous permet la science. »

Voilà donc la manière britannique de se débarrasser des Kurdes et des Afghans. On ne sait pas exactement ce qui s'est passé par la suite pour la raison suivante : il y a dix ans, le gouvernement britannique a institué sa « politique d'ouverture gouvernementale » – une décision démocratique destinée à rendre plus transparent le fonctionnement du gouvernement aux yeux des sujets de Sa Majesté. Sa première décision a été d'extraire des archives publiques (*Public Records Office*) tous les documents – sans doute pour les détruire – qui avaient un rapport avec l'utilisation des gaz et de l'aviation contre les Arabes récalcitrants... Nous ne saurons donc jamais exactement comment s'est terminé ce petit exercice churchillien. Sans doute faut-il nous en féliciter.

Après l'armistice de 1918, des efforts ont été faits de toutes parts pour tenter de réduire la guerre et toutes sortes de traités de désarmement ont été signés. Les Anglais ont réussi à bloquer toutes les interdictions visant l'usage de la puissance aérienne contre les civils. De grands hommes d'État, comme le célèbre et très honoré Lloyd George, sont entrés dans le livre des records internationaux pour avoir félicité leur gouvernement (en 1932) d'avoir su, une fois de plus, abolir toutes les barrières limitant l'usage de l'aviation de combat. « Nous nous réservons le droit de bombarder les nègres », a-t-il dit.

Voilà pour la Grande-Bretagne, l'autre grande démocratie.

Si l'on examine la liste des autres pays, on trouve exactement la même chose. Ce serait donc une erreur de décrire les États-Unis comme « l'Empire du Mal » mais depuis 1945, il se trouve qu'ils sont devenus le pays le plus puissant.

Dans le passé, les choses n'ont pas toujours été roses dans les régions situées à leur portée. Après tout, si nous sommes en train de deviser, ici, en Californie, c'est qu'il y avait des gens, beaucoup de gens, qui vivaient ici bien avant nous et qui n'y sont plus pour une raison ou une autre – et vous savez fort bien lesquelles. Et si vous trouvez la frontière mexicaine là où elle est, c'est que les États-Unis ont conquis la moitié du Mexique. Et si vous savez aussi qu'en « christianisant » et en « civilisant » les îles Philippines, nous avons tué quelques centaines de milliers de Philippins au siècle dernier. (Je pourrais aussi bien continuer avec l'histoire des Caraïbes!)

Ainsi, avant que les États-Unis ne deviennent la nation la plus puissante de la Terre, ils étaient comme toutes les autres puissances et je pourrais en dire autant des Belges, des Français et des Allemands. Les Français avaient décidé « d'exterminer la population indigène » de l'Algérie, comme disait leur ministre de la Guerre ; cela faisait partie de leur mission de christianisation. Et ainsi de suite. Ce serait donc une erreur de dire que les États-Unis sont « l'Empire du Mal » et c'est pourquoi je ne le fais jamais.

Comment voyez-vous l'intervention des États-Unis dans l'ex-Yougoslavie ? S'agissait-il d'une autre forme d'impérialisme américain ou d'une intervention humanitaire justifiée ?

C'est une longue histoire… La politique américaine a changé plusieurs fois. Au début, il y a une dizaine d'années, les États-Unis étaient les plus ardents partisans de la Yougoslavie unifiée. Quand la Slovénie et la Croatie se sont retirées de la confédération en 1991, l'Allemagne les a immédiatement reconnues, réaffirmant ainsi ses intérêts dans la région sans se soucier des droits de la minorité serbe et suscitant un désastre. Les États-Unis étaient contre.

Quand les grandes puissances ont poussé leurs pions, Washington a décidé de choisir la Bosnie sur l'échiquier, bloquant par la même occasion un plan de paix qui avait une chance d'aboutir – le projet préparé par l'ancien secrétaire d'État Cyrus Vance et le Britannique David Owen. Il était loin d'être parfait mais si on l'examine aujourd'hui, on s'aperçoit qu'il ne différait guère de ce qui a prévalu après des années de massacres.

Washington a pesé sur le gouvernement bosniaque pour qu'il refuse ce plan. Comme il fallait s'y attendre, cette pression a déclenché toutes sortes d'atrocités jusqu'à ce que Washington intervienne et impose, comme vous le savez, les accords de Dayton en 1995. Je ne vois pas comment on peut appeler cela une « intervention humanitaire » : on peut penser que telle ou telle position était bonne ou mauvaise mais les éléments humanitaires étaient absents. Et ceci était encore moins vrai au Kosovo. C'est une longue histoire et il existe une littérature conséquente sur le bombardement du Kosovo dans laquelle on trouve des détails intéressants : on y voit un grand enthousiasme pour « une nouvelle ère dans l'histoire de l'humanité », une ère « d'interventions humanitaires » et quelques autres manifestations d'autosatisfaction. Tous les documents de l'OTAN, du *Département d'État,* des Européens, de l'Organisation pour la Sécurité et la Coopération en Europe, de la Mission de Vérification au Kosovo et des gouvernements concernés ont été ignorés, comme vous pourrez le vérifier. À ma connaissance, les seuls ouvrages qui les ont explorés en profondeur sont les miens : *New*

Military Humanism [1999] et *A New Generation Draws the Line* [2001]. Une telle étude nous montre qu'il s'agissait d'une bien triste situation – presque aussi triste que celle de la Turquie. Le membre le plus belliqueux de la coalition occidentale, toujours prêt à foncer, était l'Angleterre.

En janvier 1999, deux mois avant les bombardements, le gouvernement britannique attribue la plupart des atrocités aux partisans de l'Armée de Libération du Kosovo (ALK) qui sont accusés de franchir la frontière pour commettre des atrocités contre les Serbes, dans le but de provoquer en retour des représailles disproportionnées qui forceront les Occidentaux à riposter. Tout ceci est contemporain du massacre de Racak qui a, paraît-il, fait virer l'opinion publique occidentale.

Les Anglais continuaient d'attribuer le gros des atrocités à l'ALK qu'ils appelaient (à l'instar des États-Unis) une « force terroriste ». Il suffit de vérifier les documents du *Département d'État* pour voir que rien n'a changé dans les mois qui ont suivi, avant la sortie des inspecteurs. Après le début des raids aériens, les atrocités ont explosé : les procès actuellement en cours à La Haye concernent surtout des exactions commises après les bombardements et la menace d'invasion : massacres, expulsions et tout le reste. Pas avant. Quand on parle du retour des réfugiés comme d'un grand succès, on oublie qu'ils avaient été chassés après les bombardements. On ne peut donc pas dire que ce retour résulte d'un grand effort humanitaire. Voilà les faits : on peut en penser ce qu'on veut, en bien ou en mal, mais il n'y avait aucun élément humanitaire. Absolument rien. Il s'agissait d'autre chose.

Ces derniers mois, certains grands médias comme CNN *ou le* San Francisco Chronicle *ont commencé à mentionner l'oppression israélienne et le génocide en Irak en parlant de sanctions. Pensez-vous que c'est une conséquence du 11 septembre ?*

Comme je ne regarde pas *CNN*, il m'est difficile de vous répondre. J'avoue qu'en novembre 2001, en Inde, ma femme et moi n'avons eu que ça à nous mettre sous les yeux pour être informés – un vrai supplice chaque soir ! Je n'ai pas remarqué ce que vous dites et je n'en sais rien. Ça ressemble à des balivernes patriotiques, mais je n'ai rien noté dans la presse écrite : rien sur les effets de quelconques sanctions sur la politique israélienne – sauf au cas où elle gênerait celle des États-Unis.

Il y a eu des objections lors de la récente mission de Dick Cheney. Mais l'escalade des atrocités suit généralement l'aide américaine, militaire ou diplomatique, que nous continuons à apporter et qui empêche toute solution diplomatique, comme c'était déjà le cas du temps de Clinton. J'ai mentionné les résolutions de l'ONU. Il y a plus grave : les Conventions de Genève, comme vous le savez, ont été établies à la fin de la Seconde Guerre mondiale pour criminaliser formellement les atrocités nazies. Les signataires de ces Conventions (dont les États-Unis) ont l'obligation solennelle de les faire respecter. C'est leur responsabilité. Si Washington ne le fait pas, c'est un crime.

La quatrième Convention s'applique aux territoires sous occupation militaire. S'appliquent-elles à l'occupation militaire israélienne ? La communauté internationale est divisée : le monde entier dit oui, Israël dit non, et les États-Unis s'abstiennent depuis Clinton alors qu'avant, ils suivaient le reste du monde. Ils s'abstiennent pour éviter d'aller contre un des principes fondamentaux du droit international, surtout en raison des circonstances de son application aux crimes nazis. L'abstention des États-Unis annule ainsi la quatrième Convention, ce qui signifie qu'on n'en parle plus. Elle sort de l'Histoire – tout en étant encore là.

Le 20 octobre 2000, juste après la seconde *intifada,* le Conseil de sécurité a voté, une fois de plus, pour que les Conventions de Genève soient appliquées aux territoires occupés par Israël – à quatorze voix et une abstention : celle des États-Unis. Les Conventions de Genève rendent illégales toutes les actions israélo-américaines : les déploiements de troupes, l'établissement des colonies, etc. – tout ce qui constitue la politique concrète.

Le « changement » que certains croient avoir perçu me paraît être une illusion. Rien ne pourra changer tant que cette politique continuera de sévir.

Que pensez-vous de la manière dont les médias ont représenté les Musulmans après le 11 septembre ?

Je m'attendais à pire. On a observé un réel effort, probablement sincère, pour distinguer les auteurs des attentats des Musulmans en général. Il faut le reconnaître. Les médias n'ont pas stigmatisé les Musulmans comme ils auraient pu le faire. Il existe un racisme anti-arabe et anti-musulman aux États-Unis ; c'est la dernière forme de racisme « légitime » – parce qu'on n'a pas besoin de le nier. Mais je ne pense pas en avoir constaté une poussée après le 11 septembre, peut-être à cause des efforts déployés pour le juguler.

Récemment, le président Bush a désigné l'Iran comme l'un des pays de « l'Axe du Mal ». Il a aussi menacé d'y intervenir militairement. Vous y croyez ?

Les scribes des discours de Bush ont concocté cet « Axe du Mal » parce que le « mal » fait peur aux gens et que « l'axe » rappelle les nazis. Mais l'Iran et l'Irak se font la guerre depuis vingt ans ; on ne peut donc pas parler d'un « axe ». La Corée du Nord est encore plus éloignée : on l'a mise sur la liste parce qu'elle est une cible facile, non musulmane, que l'on pourrait bombarder parce que tout le monde s'en moque. Et personne ne pourra dire qu'on n'en veut qu'aux Musulmans.

Mais l'Iran? Si l'on étudie l'histoire des cinquante dernières années, ce pays a parfois été « le bien » et parfois « le mal ». En 1953, l'Iran était le mal absolu parce que son gouvernement nationaliste conservateur voulait prendre le contrôle de ses propres ressources, gérées jusque-là par les Britanniques. Il a fallu le renverser par un coup d'État organisé par les États-Unis et la Grande-Bretagne. Le Shah a été remis sur son trône.

Pendant vingt-six ans, l'Iran a été dans le camp du « bien ». Le Shah a accumulé toutes les violations des droits de l'homme de la planète. Si vous lisez les archives d'*Amnesty International,* il était vraiment le pire mais il servait les intérêts américains. Il avait capturé des îles appartenant à l'Arabie Saoudite et contribué à contrôler la région en soutenant les États-Unis en tout. Si vous lisez la presse, vous n'y trouverez aucun commentaire sur les crimes du Shah. Quelques mois avant sa chute, le président Carter, qui l'admirait fort, a dit combien il appréciait « son administration progressiste »...

En 1979, l'Iran repasse dans le camp du Mal en renversant le système impérial. Il l'a toujours été depuis parce qu'il n'a pas obéi aux ordres. C'est un cas intéressant: les plus gros lobbies pétroliers des États-Unis voudraient bien le réintégrer dans le système mondial mais Washington n'en veut pas: on préfère avoir l'Iran comme ennemi. C'est à cela qu'a mené cette affaire d'Axe du Mal: elle a affaibli les réformistes du pays et regonflé les éléments cléricaux les plus réactionnaires. Mais tout cela est considéré comme normal et il faut se demander pourquoi.

Je suis d'avis qu'il s'agit de la raison habituelle (du moins, je le suppose, faute de documents) – ce que la mafia appelle « asseoir sa crédibilité » : tous ceux qui sortent du rang doivent être punis pour que les autres comprennent ce qu'il ne faut pas faire. C'était la principale raison de bombarder les Serbes au Kosovo : « Asseoir la crédibilité de l'OTAN. » Il faut donc obéir aux ordres, sinon…

J'ai l'impression que c'est ce qui se passe actuellement : les États-Unis n'attaqueront pas l'Iran. Ce serait trop dangereux et trop coûteux. Mais si les mollahs restent au pouvoir, cela empêchera l'Iran de réintégrer le système international.

Contre l'Irak, on peut s'attendre à une attaque. Elle n'est pas facile à mettre sur pied mais vous pouvez être certain que les raisons d'une telle invasion n'ont rien à voir avec les déclarations officielles. Les classes éduquées rendent un fier service en gardant cela secret mais elles sont au courant. George W. Bush, Tony Blair, Bill Clinton et les autres nous disent : « Il nous faut Saddam Hussein ; c'est un monstre qui a gazé son propre peuple ! » C'est vrai mais il manque une phrase : « … avec l'aide de papa George Bush » qui trouvait cela très bien. Il a continué à aider le monstre, et les Anglais aussi. Longtemps après le gazage des Kurdes et le reste, Washington et Londres lui ont même fourni tout ce qu'il lui fallait pour ses programmes de développement d'armes de destruction massive – en toute connaissance de cause. Saddam était alors plus dangereux qu'aujourd'hui et l'Irak plus puissant mais personne n'y trouvait à redire. En fait, au début de 1990, quelques mois avant l'invasion du Koweit, George Bush senior a envoyé une délégation sénatoriale de haut niveau dirigée par Bob Dole (plus tard candidat républicain à la présidence) pour transmettre à son ami Saddam Hussein les compliments et les remerciements du Président, en lui suggérant de ne pas trop s'inquiéter des critiques occasionnelles de la presse américaine.

Nous avons une presse libre aux États-Unis et de temps en temps, un correspondant (un sur cinq mille) se permet des remarques sur les crimes de Saddam Hussein – à qui on a dit de ne pas s'en soucier. On lui a même promis qu'un commentateur trop critique de la *Voix de l'Amérique* serait remplacé pour lui éviter le désagrément d'entendre dénoncer tous les crimes qu'il commet. Tout ceci se passait deux ou trois mois avant la métamorphose de Saddam en « monstre de Bagdad » prêt à conquérir le monde. Nous savons que ni ses crimes ni ses armes de destruction massive ne sont la vraie raison de la conquête qui se prépare. Mais alors ? Quelles sont-elles ?

Elles sont assez claires. L'Irak possède les plus vastes réserves d'hydrocarbures après l'Arabie saoudite. Il était clair que d'une façon ou d'une autre, les États-Unis remettraient la main sur ces immenses ressources, plus vastes que celles de la Caspienne voisine. Il est clair que les États-Unis en interdiront l'accès à leurs adversaires mais pour l'instant, la France et la Russie sont à la corde et Washington a l'intention de les dépasser. La question est de savoir comment. C'est une opération délicate avec toutes sortes de problèmes techniques qui sont actuellement* en discussion. Mais ce sont des problèmes mineurs. La vraie question, c'est le nouveau régime qu'il faudra imposer car il devra être complètement antidémocratique.

La raison en est que si le nouveau régime comporte des éléments démocratiques, la population fera entendre sa voix, même faiblement – puisque c'est la définition de la démocratie. Mais la majorité de la population est chiite. Si elle obtient voix au chapitre, elle voudra restaurer les relations avec l'Iran, c'est-à-dire la dernière chose que souhaite Washington. De plus, les nombreux Kurdes du Nord de l'Irak sont en quête d'une certaine autonomie et la Turquie s'affole rien que d'y penser.

Il faut donc un changement de régime qui restaurera le régime de Saddam Hussein, mais sans lui, un régime militaire sunnite capable de contrôler la population. Tout ceci a été clairement explicité : on se rappelle qu'en mars 1991, à la fin de la Guerre du Golfe, les États-Unis contrôlaient toute la

---

* En mars 2002.

région. Il y a eu une rébellion chiite dans le Sud, incluant quelques généraux irakiens. Ils n'ont pas demandé l'aide des États-Unis : tout ce qu'ils voulaient, c'était l'accès au matériel militaire irakien capturé. George Bush a eu une autre idée : il a autorisé son ami Saddam Hussein à utiliser son aviation pour écraser la résistance chiite. Le général Schwartzkopf a dit plus tard qu'en donnant cette autorisation, il avait été trompé par les Irakiens : il ne pensait pas qu'ils allaient *vraiment* s'en servir. Il s'est fait avoir et cela montre bien à quel point ce Saddam est vicieux ! Il arrive toujours à vous doubler ! Il a donc utilisé l'aviation pour écraser les Chiites dans le Sud et les Kurdes dans le Nord.

Au même moment, Thomas Friedman, correspondant diplomatique du *New York Times,* a donné franchement son point de vue.* Il a dit que le meilleur des mondes pour les États-Unis serait une « junte militaire à la poigne de fer » qui dirigerait l'Irak à la manière d'un Saddam Hussein devenu embarrassant. Si ce n'est pas possible, il faudra se rabattre sur d'autres solutions et c'est pour cela que la CIA et le *Département d'État* organisent des réunions avec certains généraux irakiens qui se sont rendus depuis 1990. Ce ne sera pas simple mais c'est peut-être ce qui est prévu.

---

* «Correspondant diplomatique» est un terme qui désigne le porte-parole du *Département d'État* à la rédaction du journal. C'est lui qui donne la ligne du ministère de la Défense.

À propos du film

*Pouvoir & Terreur :
Noam Chomsky et notre Temps*

Documentaire de John Junkerman
35 mm / 74 minutes
Production Siglo 2002

Synopsis

Pouvoir & Terreur présente la pensée de Noam Chomsky dans une longue interview et une série de conférences prononcées à New York et en Californie au printemps 2002. Comme il l'a fait un nombre incalculable de fois depuis le 11 septembre 2001, il replace les attentats terroristes dans le contexte des interventions américaines à l'étranger depuis la Seconde Guerre mondiale – au Viêt-nam, en Amérique centrale, au Moyen-Orient et ailleurs. En se basant sur le principe fondamental que l'exercice de la violence contre les populations civiles est un acte terroriste, que les auteurs en soient un célèbre bande d'extrémistes musulmans ou l'État le plus puissant de la planète, Chomsky met en demeure le gouvernement des États-Unis de respecter les règles morales qu'il exige d'autrui.

Dans son historique des crimes de guerre, Noam Chomsky propose sa célèbre analyse de l'hypocrisie des deux poids deux mesures dont font preuve les intellectuels et les médias occidentaux et il aboutit à une conclusion étonnamment optimiste. Vu du haut de ses quarante ans d'expérience dans l'activisme politique, le monde lui paraît beaucoup plus civilisé que par le passé, et il exprime sa reconnaissance aux citoyens ordinaires pour leur participation attentive, assidue et souvent méconnue. C'est sans doute cet optimisme qui l'a soutenu dans la mission de toute sa vie : mettre les faits à la disposition du public avec l'espoir qu'un tel savoir débouchera sur une action.

« L'une des grandes voix contemporaines de la Raison. »
New York Daily News

« Un aperçu de l'inaltérable patience, de la passion et de l'ouverture d'esprit de l'homme qui est derrière les mots. »
Variety

« Ce texte est l'indispensable remise en question dans le débat concernant la réponse américaine au terrorisme, et plus généralement l'histoire et l'avenir du rôle des États-Unis dans le monde. »
New York Times

« Chomsky n'y va pas par quatre chemins quand il critique la politique étrangère américaine et exige du gouvernement de Washington une rigueur absolue. »
Hollywood Reporter

Producteur: YAMAGAMI Tetsujiro / Cameraman: OTSU Koshiro / Ingénieur du son: TSURUMAKI Yutaka / Montage: John Junkerman, HATA Takeshi / Producteur associé: OGAWA Mayu.

Autres Cameramen: AZUMA Tsuneo, Scott Crawford, John Junkerman / Prise de son en extérieur: Steve Bores, Tammy Douglas, HIRAOKA Jun, OGAWA Mayu / Productrice associée: Cathleen O'Connell / Interprète: Christopher Field / Traduction: MATSUMOTO Kaoru, John Junkerman / Photographe: Theo Pelletier / Graphiste: MIYAGAWA Takashi / Personnel de production: Valerie Dhiver, ISHIDA Yuko, SASAKI Masaaki / Studio prise de son: Yurta / Titrage: Michikawa Production / Laboratoires: L.T.C., SCANLAB [France]

Musique: IMAWANO Kiyoshiro
« Gibitsumi » par IMAWANO Kiyoshiro / Little Screaming Review (tiré de Rainbow Café)
« Kurasu » par IMAWANO Kiyoshiro / Ruffy Tuffy (tiré de The Cross of Fall)
« Brimming Heat of Tears » par IMAWANO Kiyoshiro / RC Succession (tiré de Baby a Go Go)

Assistants de production: TSURUMI Shunsuke, Little More, Babys, Telesis International, Japan Herald, Anthony Arnove, Toei Kako, Nippon Cine Arts, Mulberry Studio. TATARA Yoko, SHIBATA Atsuko, YAMOTO Kiyomi.

REMERCIEMENTS : Bev Stohl, Linda Hoaglund, Leah Mahan, Genene Salman, Students for Justice in Palestine, Barbara Lubin, Penny Rosenwasser, Middle East Children's Alliance, IATSE, Paul George, Peninsula Peace & Justice Center, Omar Antar, AECOM Muslim Students Association, Wasa Bishara, Committee for Azmi Bishara & the Minorities in Israel.

Remerciements à Noam et Carol Chomsky.

Pour tous renseignements et pour l'achat de *Power & Terror* en DVD ou en cassettes vidéo :

> First Run Features
> 153 Waverly Place
> New York, NY 10014
> 212-243-0600
> www.firstrunfeatures.com
> E-mail : info@firstrunfeatures

Pour toute utilisation pédagogique :

> First Run / Icarus Films
> 32 Court Street, 21st Floor
> Brooklyn, NY 11201
> 800-876-1710
> www.frif.com
> E-mail : mail@frif.com

Noam Chomsky

Activiste politique de renommée mondiale, Noam Chomsky est écrivain, professeur au Département de Linguistique et de Philosophie au Massachusetts Institute of Technology (Cambridge, Mass., U.S.A.)

Il est né le 7 décembre 1928 à Philadelphie et a fait ses études secondaires et universitaires à l'Université de Pennsylvanie où il est reçu Docteur ès Linguistique en 1955. De 1951 à 1955, il est « Junior Fellow » à la Harvard University Society of Fellows et rédige sa thèse de doctorat intitulée : « Analyse transformationnelle » dont les principaux points de vue théoriques paraissent dans la monographie *Syntactic Structures* en 1975.

Noam Chomsky rejoint la Faculté du M.I.T. en 1955 où il est nommé Professeur dans le Département de Langues Modernes et de Linguistique en 1961 (aujourd'hui Département de Linguistique et de Philosophie). De 1966 à 1976, il est titulaire de la Chaire Ferrari P. Ward et il est nommé *Institute Professor* en 1976.

En 1958 et 1959, Noam Chomsky est en résidence à l'*Institute for Advanced Study* de l'Université de Princeton (New Jersey). Principales conférences : au printemps de 1969, il donne les *John Locke Lectures* à Oxford ; en 1970, le *Bertrand Russell Memorial Lecture* à Cambridge ; en 1972, le *Nehru Memorial Lecture* à New Delhi et en 1977, le

Huizinga Lecture à Leyde. Il est titulaire de nombreux doctorats honoris causa.

Noam Chomsky est l'auteur de très nombreux ouvrages. Le dernier, *9-11,* a été publié dans vingt-six pays.

John Junkerman

Cinéaste et auteur de documentaires, John Junkerman est né à Milwaukee en 1952. Avant *Power & Terror: Noam Chomsky in Our Times,* il a signé plusieurs films sur le Japon comme *Hellfire: A Journey from Hiroshima* et *Uminchu: The Old Man and the East China Sea* – distribués par First Run / Icarus Films. Il a produit et mis en scène *The Mississippi: River of Song,* une série sur les musiques traditionnelles américaines, subventionnée par le Smithsonian Institute et distribuée par Acorn Media. Il a dirigé l'édition de *The History of Japanese Photography* (Yale University Press, 2003).

Takei Masakazu

Éditeur et président de Little More à Tokyo, Takei Masakazu est né à Ozaka en 1961. À vingt-huit ans, il a fondé cette société d'édition et de production. Sa revue trimestrielle *Foil* a été lancée en janvier 2003.

LITTLE MORE
3-3-24 Minami Aoyama
Minato-ku, Tokyo 107-0062 Japan
Téléphone: 81-3-3401-1042
Fax: 81-3-3401-1052
E-mail: info@littlemore.co.jp
En japonais: www.littlemore.co.jp

Table des matières

Introduction 7

I
Entretien avec Noam Chomsky
pour le film *Power & Terror* 11

II
Les armes américaines, les droits de l'homme
et la santé de la société 45

III
Conférences et conversations 87

« Pourquoi nous détestent-ils alors
que nous sommes si bons ? » 87
Une visite en Cisjordanie
avec Azmi Bishara 93
Les préjugés médiatiques
et la Palestine 101
Comment riposter ? 111
Les États-Unis et le monde 121

À propos du film 141

Dans la même collection

BOLYA
Afrique, le maillon faible

JEAN-MICHEL CARRÉ
Charbons ardents – Construction d'une utopie

NOAM CHOMSKY
11/9 – Autopsie des terrorismes

NOAM CHOMSKY
Le Bouclier américain – La Déclaration universelle des droits de l'homme face aux contradictions de la politique américaine

NOAM CHOMSKY & EDWARD S. HERMAN
La Fabrique de l'opinion publique – la politique économique des médias américains

RAMSEY CLARK, NOAM CHOMSKY, EDWARD W. SAID
La Loi du plus fort – Mise au pas des États voyous

KEVIN DANAHER
10 raisons d'abolir le FMI et la Banque mondiale

Marco Antonio de la Parra
Lettre ouverte à Pinochet – Monologue de la classe moyenne chilienne avec son père

Nawal El Saadawi
Mémoires de la prison des femmes

Nuruddin Farah
Hier, demain – Voix et témoignages de la diaspora somalienne

Guillemette Faure
Je ne suis pas Karla – Les Femmes dans les couloirs de la mort

Sven Lindqvist
Exterminez toutes ces brutes – L'Odyssée d'un homme au cœur de la nuit et les origines du génocide européen

Sven Lindqvist
Maintenant, tu es mort – Histoire des bombes

Edward W. Said
À contre-voie

Edward Said & Daniel Barenboïm
Parallèles et Paradoxes

Isabel Vale Majerus
De quel droit ? Le Droit international humanitaire et les dommages collatéraux

Abdourahman A. Waberi
Moissons de crânes – Textes pour le Rwanda

Amin Zaoui
La Culture du sang – Fatwas, femmes, pouvoir et tabous

À paraître :

Wolfgang Sachs & Gustavo Esteva
Les Ruines du développement

Impression réalisée sur CAMERON par

BUSSIÈRE CAMEDAN IMPRIMERIES

GROUPE CPI

*à Saint-Amand-Montrond (Cher)
en avril 2003*

Dépôt légal : avril 2003.
Numéro d'impression : 031884/1.

Imprimé en France